Editorial

Hier essen nur Pferde Grünzeug: Autor Stefan Schoman ritt durch Islands Nordwesten; Starkoch Vincent Klink flog nach Grönland, um lokale Gerichte zu testen: rohen Fisch und faule Robbe

Liebe Leserinnen und Leser,

kann man im Februar von Kälte träumen? Von endlosen weißen Schneesteppen, über denen die Sonne strahlt? Von Eisbrocken, die blau und türkis schimmernd durchs Meer gleiten? Von kleinen Hütten, in denen der Ofen bollert, während vor den Fenstern die Eiszapfen hängen? Vielleicht geht es Ihnen da wie der Redaktion von GEO Special: In dem Maße, in dem der Winter in Deutschland zur grauen Jahreszeit wird, mit rußverdrecktem Schneematsch, mit 15 Grad im Januar und Nieselregen, wächst in uns die Sehnsucht nach der Klarheit und Reinheit des Nordens, nach einer Landschaft, die uns mit ihrer Unerbittlichkeit im Winter überwältigt – und mit ihrer verschwenderischen Üppigkeit im kurzen arktischen Frühling.

Eine grandiose, vom Menschen fast unberührte Natur vereint Island, Grönland und Spitzbergen. Sie macht diese Inseln zum Sehnsuchtsziel für moderne Abenteurer, die ihr Glück auf den Rücken von Islandpferden finden, bei einer Kajaktour durch die stillen Fjorde, beim Wandern durch die Einsamkeit der Vulkan- und Gletscherregionen.

Das Angenehme dabei: Abends muss niemand mehr ins feuchte Zelt kriechen. Nach einem Tag in der Wildnis können sich Reisende heute selbst in Longyearbyen auf Spitzbergen, der nördlichsten Siedlung der Welt, an einer Bar mit der größten Cognac-Sammlung Norwegens aufwärmen. Zum Nachtleben im quirligen Reykjavík reisen sogar New Yorker an. Und kaum einer unserer Fotografen und Autoren ließ es sich nehmen, in einem *heiti potturinn*, einer der heißen Thermalquellen von Island, zu köcheln – die Müdigkeit eines anstrengenden Tages oder einer langen Nacht löste sich dort buchstäblich in Wasserdampf auf.

Feuer und Flamme für ein sehr kaltes Thema: Der Berliner Journalist Ariel Hauptmeier betreute dieses Heft als Redakteur

Viel Spaß beim Lesen und auf Ihrer eigenen Expedition ins Nordmeer wünscht Ihnen

(Florian Hanig)

GEO Special **3**

Erlebnis-Seereisen

Erlebnis Lofoten und Vesterålen
8-tägige Seereisen mit dem traditionellen Hurtigruten Schiff MS LOFOTEN zu den größten Naturschätzen der fantastischen norwegischen Küste.
Juni – August 2005 p. P. ab € 1.895,-

Expedition Diskobucht
9-tägige Seereisen mit dem neuen Expeditionsschiff MS DISKO II zu den faszinierenden Eisbergen und Gletschern Westgrönlands.
Juni – August 2005 p. P. ab € 2.640,-

Stippvisite Spitzbergen
7-/8-tägige kombinierte Land- und Schiffsreisen an der Westküste Spitzbergens mit dem ehemaligen Hurtigruten Schiff MS NORDSTJERNEN.
Juni – August 2005 p. P. ab € 1.950,-

Im Land der Eisbären
9-tägige Expeditionen Rund-um-Spitzbergen ins Land der Walrosse und Eisbären mit dem Eisbrecher POLAR STAR.
Juni – August 2005 p. P. ab € 3.430,-

Alle Reisen exklusiv bei NORDEN TOURS, max. 150 Gäste an Bord, inkl. Flug, deutschsprachiger Reiseleitung, Vollpension, Landgänge, Schlauchboot-Exkursionen. Weitere Informationen und Reisen im Katalog „Expeditions-Seereisen 2005/2006"

Informationen/Buchung im Reisebüro oder bei
NORDEN TOURS
Kleine Johannisstraße 10 · 20457 Hamburg
Telefon: 040-37 70 22 70 · Fax: 040-37 50 11 16
info@norden-tours.de · www.norden-tours.de

INHALT

Reiten
DAS GLÜCK IN DEN FJORDEN
Islandpferde sind zäh, sie fressen Heringe und Seetang, sie brauchen keinen Stall und keine Wege. Ideale Begleiter also für einen Ritt durch Islands einsame Westfjorde

32

Belugas
WALHEIMAT
Weißwale scheinen in einem fort zu lächeln – doch sie schwimmen durch die unwirtlichsten Gewässer der Arktis, immer bedroht von Orkas und Eisbären. Die Eisdecke bietet ihnen Schutz – und ist manchmal ihr Verderben

108

Esskultur
KALTE KÜCHE
Man ist, was man isst – was soll man also von Isländern halten, die vergammelte Haie verspeisen? Der deutsche Starkoch Vincent Klink auf einer Expedition in die Grenzbereiche des Kulinarischen

100

66

Themen

12 Ansichtssachen
GEFÜHLSBAD

28 Textessay
AM RUHEPOL
Warum ziehen uns die kargen Landschaften am Polarkreis so an?

32 Reiten
DAS GLÜCK IN DEN FJORDEN

42 Der Nord-Stern
DIE FRAU, DIE NICHT AN ELFEN GLAUBT
Sie ist Weltstar, zweifache Mutter – und wirkt noch immer so, als ob sie mit einer Punkband durchbrennen könnte: Björk

46 Reykjavík
SCHAUT AUF DIESE STADT!
Weshalb in Islands Metropole fast jeder ein Künstler ist. Und warum nachts hysterische, leicht bekleidete Menschen durch die Innenstadt toben

58 Treibeis
SCHRECKEN UND VERLOCKUNG

66 Polareskimos
VORSTOSS IN DEN WEISSEN KOSMOS

74 Atom-U-Boote
SCHLEICHFAHRT DURCH DIE ARKTIS
Ein russischer Kommandant patrouillierte dort, wo der Krieg am kältesten war

78 Geologie
WELTANFANG, IMMER WIEDER

88 Musik
GRÖNLAND ROCKT!

96 Klimawandel
DAS GROSSE SCHMELZEN
Das Eis schwindet – in 100 Jahren könnte der Nordpol in offener See liegen

100 Esskultur
KALTE KÜCHE

108 Belugas
WALHEIMAT

116 Überwinterung
DAS JAHR, IN DEM WIR ALLEIN WAREN
Hauke Trinks und seine Begleiterin trotzten Stürmen, Kälte und Dunkelheit auf Spitzbergen. Ihre wichtigsten Hilfsmittel: ein Gewehr und ein Wecker

Musik
GRÖNLAND ROCKT!
Das junge Grönland schaut nach vorn – und auf Malik Kleist, den Sänger von Chilly Friday, der bekanntesten Rockband der Insel

88

Geologie
WELTANFANG, IMMER WIEDER
Wie Adern und Kapillaren verästeln sich Gletscherbäche auf ihrem Weg zum Ozean. Island ist geprägt von den Kräften der rohen Erde: Feuer und Schlacke, Wasser und Eis. So als wäre jeder Tag Schöpfungsbeginn

78

12

Polareskimos
VORSTOSS IN DEN WEISSEN KOSMOS
Vor gut 100 Jahren stieß der Däne Knud Rasmussen zu den Inughuit, dem nördlichsten Volk der Erde, vor. Er bereitete ihnen den Weg in die Moderne – und wurde dabei fast zu einem der ihren

Ansichtssachen
GEFÜHLSBAD
Eine Bilder-Reise durch den Hohen Norden, die niemanden kalt lässt. Zum Beispiel zu Islands »Blauer Lagune«, deren heißes, heilsames Wasser Geist und Körper aufblühen lässt

Treibeis
SCHRECKEN UND VERLOCKUNG
1869 treiben Schiffbrüchige einer deutschen Nordpolexpedition auf einer Eisscholle vor Ostgrönland. 135 Jahre später wiederholen Urlauber das Abenteuer. Und fragen sich: Sind Schollen Energieplätze im Eis?

58

120 Leben am Limit
DIE LÄNGSTE NACHT
112 Tage Finsternis: In Longyearbyen, der nördlichsten Stadt der Welt, gibt es alles – außer genügend Sonnenlicht

Rubriken
- 3 Editorial
- 6 Habitat
- 150 Karte
- 152 Leserbriefe/Impressum/ Fotohinweise
- 153 Vorschau
- 154 Wie lebt es sich eigentlich als…?

Titelbild: Wasserfall Seljalandsfoss in Island; Fotograf: Peter Gebhard

Reise-Service
Die schönsten Routen durch den Norden, für Wanderer, Rad- und Autofahrer, Kajak- und Kreuzfahrer, Leseratten und Abenteurer

20 SEITEN VOLLER TIPPS UND GUTER ADRESSEN
- 131 Orientierung
- 132 Reykjavík
- 134 Island
- 139 Grönland
- 144 Spitzbergen
- 146 Kreuzfahrten
- 148 Abenteuer

Habitat

SAGENHAFT:
Islandpferde sind klein, aber Riesen, was Zähigkeit und Mut angeht. Und in der ganzen Welt beliebt

Ein Schimmel döst allein im Raureif. Doch eigentlich lieben Islandpferde Geselligkeit: Sie wärmen und kraulen einander, schubbern und puscheln sich. Der Winter-Wind ist scharf, mit der Kälte wächst das Fell, doch im Sommer sind die Tiere wieder kurzhaarig und seidig blank

EIN PFERD WIE ISLAND

Wikinger brachten die ersten Tiere um 874 auf die Insel, kleinwüchsige Germanen- und kraftvolle Keltenponys. Geprägt von strengen Wintern und Vulkanausbrüchen, geschützt von einem Gesetz aus dem Jahr 930, das die Einfuhr weiterer Pferde verbot, entstand nach und nach das Islandpferd. Es ist robust und zäh, kess und wild, mutig und verspielt, ausdauernd und schnell – und so ursprünglich wie das Land, das es besiedeln half. Obwohl es nur ein Stockmaß von rund 1,40 Meter hat, trägt es mühelos Zwei-Meter-Männer – im Schritt, Trab und Galopp, im Tölt und Rennpass, seinen zwei Spezialgangarten. 140 000 Islandpferde leben außerhalb ihres Ursprungslands, doppelt so viele wie auf der Insel selbst – ein Exportschlager, beliebt in aller Welt, kurz: ein Wahrzeichen auf vier Beinen.

FOTOS: INA J. GECKE

IDEENREICH:

Die Sprache ist das wichtigste Kulturgut auf Island. Bis heute sind Runen in Gebrauch – und Anglizismen verpönt

SPRACHSPIELE VOLL MUTTERWITZ

Auf eines sind Isländer besonders stolz – ihre uralte Sprache. Nur wenige Fremdwörter haben es geschafft, sich in das Isländische einzuschleichen. Computer? Gibt es nicht in Reykjavík, man kennt dort nur die „tölva", die Zahlenseherin – ein Kunstwort, erschaffen aus „tala" – Zahl und „völva" – Seherin. „Purismus" nennen Linguisten diese Reinhaltung der Sprache, in Island wird sie nicht – wie in Frankreich – vom Staat verordnet, sondern seit Jahrhunderten von der Bevölkerung getragen. Heute treffen sich Philologen, Übersetzer oder Ingenieure in abendlichen Zirkeln, um die Flut des Englischen zu bändigen – und schöpfen Wörter voller Fantasie, pardon: Gedankenflug, wie ein Isländer sagen würde.

Telefon = Sprachdraht

WALKMAN	TASCHENDISKO
SQUASH	WANDTENNIS
CD	STRAHLENSCHEIBE

EKG = Herzlinienschreiber

FOTOKOPIE	LICHTSCHRIFT
ELEKTRIZITÄT	BERNSTEINKRAFT
FERNSEHEN	SICHTWURF
TROPEN	HITZEGÜRTEL
SLIP	NAH-HOSE
INSPIRATION	EINBLASEN
TELEGRAMM	GESCHOSS
OPTIMISMUS	HELLSICHT

Echo = Felsensprache

LAPTOP	SCHOSS-ZAHLENSEHERIN
SOFTWARE	GEDANKENAUSRÜSTUNG
TELESKOP	SICHTVERMEHRER

HAST DU AUCH MANCHMAL DIESES JUCKEN JENSEITS DER BAUMGRENZE?

HÖR AUF! MIR GEHT GLEICH 'NE LAWINE AB!

Das Leben hat viele schöne Seiten.

Überraschend sportlich, überzeugend praktisch: Ein Innenraum, der sich perfekt anpasst. Sitz-Flexibilität auf neuem Niveau. Aufregend sportives Design, antriebsstarke Technik. Fun und Fahrspaß vom Feinsten. Alles in allem: frischer Wind für Freizeit und Familie. Mehr Informationen unter 0 18 05/20 20 90 (€ 0,12/Min.) oder www.honda.de

Der neue Honda FR-V. Das Leben hat viele schöne Seiten.

Alle 6 Sekunden eine Maschine, die in die Welt startet.

Über 120.000 Fluggäste, die täglich sicher ihr Ziel erreichen.

Das Kribbeln im Bauch, einer davon zu sein.

Alles für diesen Moment.

Einmal gepackt, lässt sie einen kaum mehr los: die Faszination rund ums Fliegen. Und damit das auch in Zukunft so bleibt, sorgen wir mit höchsten Standards an Bord und Boden dafür, dass Sie sich immer auf uns verlassen können. Ganz gleich, wohin Ihre Reise geht. Danke, dass Sie Lufthansa Ihr Vertrauen schenken.
www.lufthansa.com

ISLAND

IN EINEM ZAUBERREICH
AUS FELS UND EIS

Island, Grönland und Spitzbergen sind Inseln mit einem ganz
eigenen Charakter. Und haben doch eines gemeinsam: eine ungezähmte,
gewaltige Natur; von einer Pracht, die fast verstummen lässt

Wo Wohlbefinden aus der Erde quillt

Inmitten verschneiter Lava-Felder dampft Islands bekannteste Freiluft-Badewanne, die »Blaue Lagune«. Stundenlang sitzen die Isländer in solchen Vulkantöpfen, planschen und plaudern – und scheren sich kein bisschen um das Wetter

Ursprünglichkeit
im Überfluss

Mehr als 60 Meter stürzt der Seljalandsfoss in die Tiefe und verschleiert einen Wanderpfad. Ein imposanter Wasserfall und doch nur einer unter vielen – unzählige Flüsse donnern herab von Islands Gletschern und erzählen mitreißende Geschichten von Schönheit, Wildheit, Kraft

Eine Eiszeit, die fast südlich wirkt

Winterschlaf in Uummannaq am Fuß des felsigen »Robbenherzens«. Erst im Juni wird das Eis schmelzen und die »Anne-Lise« freikommen. Dann wird sie wieder hinaustuckern – durch die Fjorde der stillsten Insel der Welt

GRÖNLAND

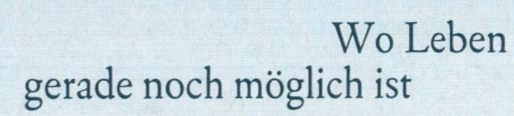

Wo Leben gerade noch möglich ist

Schroffe, schwarzblaue Bergrücken begrenzen die Stromtäler an Spitzbergens Westküste. Ein öder, unfruchtbarer Ort, so scheint es. Und doch ist der Recherchefjord ein Weidegrund – von Rentieren, die hier nach Flechten suchen

Die flammenden Farben eines kurzen Sommers

Im Spätsommer leuchten die Niederungen der Skjoldungen-Insel im Südosten Grönlands. Ein Packeisgürtel schirmt sie ab, nicht viele Menschen haben sie betreten. Und ihre Blütenpracht bewundert, die bald der Schnee begraben wird

Extreme Schönheit in extremer Kälte

Unwirklich blau sind manche Eisberge, die vor Grönland schwimmen, kristalline Skulpturen, die wie Edelsteine schimmern. Vom untersten Rand der Gletscher sind sie abgebrochen. Dort sind sie unter gewaltigem Druck entstanden – und dann aufgetaucht ans Licht, das ihre ganze Anmut spiegelt

GRÖNLAND

Menschen im Angesicht der Elemente

Nein, sie sind nicht verwöhnt von gutem Wetter, die Bewohner des Gehöftes Drangar, im äußersten Nordwesten Europas. Ein alter Glaube herrscht bei ihnen: Dass man für einige Tage Sonnenschein mit vielen Tagen Nebel, Regen, Sturm bezahlen müsse

Wo weiße Riesen Richtung Süden ziehen

Es ist nur Eis. Aber auch ein schwimmender Palast, der in der Abendsonne leuchtet; ein Kraftzentrum, unnahbar und ungeheuerlich; eine Majestät, rein und weiß; ein Floß der Sehnsucht. Und: ein Bild des Friedens

GRÖNLAND

Gleich bei meiner ersten Reise nach Grönland habe ich mich angesteckt – am arktischen Virus. Er befällt viele, die eine Weile im Hohen Norden gelebt haben, die Symptome sind immer gleich: eine völlige Besessenheit und unwiderstehliche Sehnsucht zurückzukehren. Ich habe versucht, mich von dem Virus zu kurieren, indem ich immer wieder in die Arktis gefahren bin, nach Grönland, Alaska oder in den Norden Kanadas. Vergeblich. Jede Reise verschlimmerte die Sehnsucht. Mir scheint, sie ist unheilbar.

Damals, in den 1950er Jahren, überwinterte ich zusammen mit einem Eskimo in einem alten Expeditionshaus auf der Ella-Insel, im Nordosten Grönlands. Ugge hieß mein Begleiter und stammte aus Ittoqqortoormiit. Ich war damals jung und lernbegierig und saugte alles auf, was er mir über die Arktis erzählte. Eine Sache konnte er mir allerdings nicht beibringen – mithilfe meiner Sinne zu navigieren.

In jenem Jahr legten wir Depots für Sommerexpeditionen an. Unsere Schlitten waren schwer beladen; der Schnee war hart gefroren, hier und da gab es Schneewehen. Hin und wieder witterte Ugge in den Wind, und als ich ihn nach dem Grund fragte, sagte er: „Es kommt Sturm auf."

Und der Sturm kam.

Bevor wir die Mitte des gewaltigen Kong-Oscar-Fjords erreichten, fiel er mit fürchterlicher Gewalt über uns her. Das Schneetreiben war so dicht, dass wir die vorderen Hunde nicht mehr sehen konnten, und ich rief Ugge zu, er möge anhalten, damit wir uns eingraben könnten. Er gab keine Antwort, lächelte tief drinnen in

AM RUHEPOL

Warum sind die kargen, weiten Landschaften am Polarkreis so faszinierend? Weil sie ganz neue Erfahrungen ermöglichen, sagt der dänische Autor Jørn Riel. Die Erfahrung von Stille und Einsamkeit, von Frieden und Sicherheit – und von der ungeahnten Pracht des arktischen Frühlings

Unterwegs in einer Welt aus Freiheit und Licht: Reisen mit dem Hundeschlitten sind die Quintessenz der arktischen Erfahrung

seiner Anorakkapuze und wies mit dem Peitschenschaft in eine Richtung, die mir nichts sagte.

Der Schnee peitschte uns ins Gesicht, es schien, als würden die Böen die Schlitten in die Luft heben. Die Hunde hätten sich am liebsten mit dem Schwanz über der Schnauze hingelegt, um die kalte Luft zu erwärmen und sich durch den Sturm zu schlafen. Aber Ugge trieb sie an mit Rufen und Peitschenknallen, und so liefen sie widerwillig weiter in die Richtung, die er ihnen angab.

Wie lange wir so fuhren, weiß ich nicht, es kam mir wie eine Ewigkeit vor. Plötzlich drehte sich Ugge um und rief etwas, das ich im Heulen des Sturms nicht hören konnte. Im selben Augenblick stießen die Hunde auf eine kleine Fängerhütte, sie lag auf einer Insel mitten im zugefrorenen Fjord und wurde Kongeborg genannt.

Wir ließen die Hunde frei, fütterten sie und gingen schnell ins Haus. Im Herd war bald ein Feuer gemacht, und eine herrliche Wärme breitete sich in dem kleinen Raum aus. „Wie in aller Welt hast du zur Hütte gefunden?", fragte ich Ugge.

„Neluvara", sagte er und lächelte. „Weiß nicht. Ich wusste nur, dass sie hier war."

Neluvara – auch ich habe keine Erklärung für dieses geheimnisvolle Vermögen. Es muss eine Sensibilität sein, die sich in Jahrhunderten intensiven Naturkontaktes gebildet hat, eine Empfänglichkeit noch für die leisesten Nuancen der Natur, die für Menschen wie mich – ich bin in Dänemark aufgewachsen –, stets unsichtbar blieben. 16 Jahre lang habe ich in Grönland gelebt, aber so oft ich auch mit den Eskimos unterwegs war, diese Fähigkeit blieb mir verschlossen.

D och ich begriff etwas anderes: Reisen mit dem Hundeschlitten sind die Quintessenz der arktischen Erfahrung. „Gebt mir Schnee, gebt mir Hunde, den Rest könnt ihr behalten", sagte der berühmte Polarforscher Knud Rasmussen. Er hatte Recht.

Gibt es etwas Schöneres, als hinaus in die Unendlichkeit zu fahren, ganz auf sich gestellt, an einem frostigen und klaren Wintertag? Zehn Hunde ziehen den Schlitten, der beladen ist mit Futter und Gepäck. Allmählich klettert die Sonne hinter den mächtigen Bergen empor und pflügt eine breite Furche leuchtenden Silbers durch den Fjord.

Die eisige Luft wird mild, ein mächtiges, weißes Tuch aus Eiskristallen verlässt die Erde und steigt auf wie ein feiner und durchsichtiger Nebel. Die Hunde keuchen und zerren, der Schlitten rauscht vorwärts und zurück in der Zeit, seit Jahrtausenden sind Menschen

VIELLEICHT IST ES DIESE SPANNUNG, ZWISCHEN DEM ANRÜHRENDEN UND DEM BEDROHLICHEN, DIE UNS SO ERGREIFT

so gereist. Immer weiter führt die Fahrt durch den gewaltigen, zugefrorenen Fjord und hinaus in die Grenzenlosigkeit des Meereises, in eine Welt aus Freiheit und Licht.

Wochen und Monate waren die Helden der Arktis unterwegs, deren Bücher wir verschlungen haben, über Expeditionen in unbekanntes, gefährliches Terrain. Ihre Welt wird uns verschlossen bleiben. Doch schon eine oder zwei Tagesreisen mit dem Hundeschlitten sind ein unvergessliches Abenteuer.

Ich habe es erlebt bei meiner letzten Reise nach Ostgrönland, vor gar nicht allzu langer Zeit. Zusammen mit meinen alten Freunden bin ich in Kulusuk aufgebrochen zu einer der Fängersiedlungen in der Umgebung. Es war still und dämmrig, in der Ferne konnte man die Schatten der Berge erahnen. Die Hunde waren ohne Farben und kaum voneinander zu unterscheiden, ihre Spuren wurden von der Nacht aufgesaugt.

Unendlich langsam glitten wir durch die ruhige Nacht, auf das viel zu nahe Ziel der Reise zu. Es war wie eh und je. Ich war glücklich. Eine warme Hütte erwartete uns, meine Begleiter hatten kleine Geschenke dabei, in Speck eingelegte Krabbentaucher. Denn es war Winter, diese herrliche Zeit, in der wir uns nach Gesellschaft sehnen, nach Unterhaltungen und Gelächter, nach Geschichten…

I ch erinnere mich noch genau: An einem eisigen, klaren und prachtvollen Winterabend saßen wir in der Nähe des Scoresbysundes in einem dieser groben, selbst gemachten Zelte und warteten darauf, dass das Fleisch kochte. Einer der Männer, die in die Flammen starrten, hieß Angut. Er war zehn Jahre älter als ich, ein großer Jäger und in der ganzen Gegend beliebt, weil er vier hübsche Töchter hatte. Er lächelte in sich hinein. Dann begann er zu erzählen.

„Einsamkeit! Es wird so viel über Einsamkeit geredet. Wir waren immer der Meinung, dass Einsamkeit, Leiden und Entbehrung Weisheit schenken. Und so ist es, denn es ist die Erfahrung, die uns die frühen Vorfahren hinterlassen haben." Er schaute lange hinunter in die kleinen gelben Flammen in der Lampe, die gierig vom fetten Narwalspeck fraßen.

„Einmal, vor vielen Wintern, verließ ich die Siedlung und ging ins Gebirge, um Einsicht und Wissen zu finden. Ich war jung und unbescheiden und meinte, es wäre möglich, die Fähigkeiten eines Geisterbeschwörers zu erlangen", fuhr Angut fort. Ein breites Lächeln ent- ›

BESONDERS IM MAI IST DIE STILLE TOTAL. ALS WENN JEMAND LEISE GESAGT HÄTTE: STOPP!

blößte seine harten Gaumen. Ein Lächeln, das sich wie feine Fächer bis hinauf zu den Schläfen ausbreitete.

„In die Berge über Nugssuaq ging ich, wo alles ohne Leben ist, durch eine tote und erstarrte Welt. Es war Winter, ich fror, hatte Hunger und litt ziemliche Not. Ich verlor dort oben mein Leben. Der Hunger reinigte den Körper, die Kälte nahm mir alle Gedanken, und die Erschöpfung hellte mein Gemüt auf."

Angut blickte auf und sah uns mit seinen rot umrandeten Augen an.

„Wie unbescheiden und überheblich wir Menschen doch sind. Wir nehmen deutlich die sichtbare Welt wahr, die uns umgibt, haben aber überhaupt keinen Blick für das Unsichtbare. Und doch lenkt gerade das, was wir nicht sehen, unser Leben. Einsamkeit, Leiden und Entbehrung verleihen Wissen über dich selbst und Einsicht in die Welt, von der wir sonst nur reden. Dort oben in den Bergen sprach zu mir jeder Stein, als ich gelernt hatte, zuzuhören. Ich hörte die Berge, das Poltern eines Steinschlags, den dahinströmenden Fluss und das Bersten von Klippen, die vom Frost gesprengt wurden. Erst als ich gelernt hatte zuzuhören, vernahm ich meine eigene Stimme. Sie sprach vom schneeschweren Himmel des Tages, von den sternengefüllten Nächten und von meiner eigenen Bedeutungslosigkeit. Ich wurde ganz klein und stumm."

Wieder lachte Angut leise. „Ich wurde kein Geisterbeschwörer, nicht einmal ein kleiner Zauberer. Mir fehlten die Fähigkeiten. Aber ein Mensch mit ein wenig Wissen über sich selbst, das wurde ich – wenn es nicht zu unbescheiden ist für einen Mann, so etwas zu behaupten."

Er blickte verlegen über unsere Köpfe hinweg, und wir begannen, vom Fang dieses Tages zu sprechen, um von seiner Verlegenheit abzulenken.

An diese Geschichte habe ich immer wieder denken müssen, und immer klarer wurde mir, wie Recht Angut hatte: Es bedarf der Einsamkeit, um diese Landschaft zu lesen. Nur wer hinausgeht aus den Siedlungen, wer die Hotels und die Schiffe verlässt, wer sich ergreifen lässt von Stille und Weite, begreift die Arktis. Begreift, wie groß und mächtig dieses Land ist, wie gefährlich und voller Entbehrungen, voller Leid, Kälte, Hunger. Und zugleich, wie wunderschön es ist, wie zart und verletzlich. Vielleicht ist es diese Spannung, zwischen dem Anrührenden und dem Bedrohlichen, die uns so ergreift, die uns Menschen im Angesicht der Arktis so bescheiden macht. Es ist, als erblicke man in ihr den Urgrund der Schöpfung.

Wer in die Stille der Arktis eintritt, wer ihre Stille hört, wird sich seiner selbst bewusst. Er hört nichts anderes mehr, nur sich selbst. Besonders im Mai ist die Stille total. Das Eis bewegt sich noch nicht, es geht kein Wind, die gute Sicht verstärkt das Nichtexistieren der Geräusche. Als wenn jemand leise gesagt hätte: Stopp!

Seit 15 Jahren lebe ich hauptsächlich in Malaysia. Ich schaue auf vom Bildschirm und sehe das tiefe Grün des Dschungels hinter meinem Haus. Ich bin gern hier, ich liebe die Tropen und ihre Menschen. Aber an Tagen wie diesen erdrückt mich das Wuchern des Grüns, belästigt mich die Schwüle der Luft und ermüdet mich der Lärm der Affen. Und ich wünschte, ich wäre weit, weit weg, dort, wo die Luft rein und kühl ist, wo nichts zu hören ist außer dem Rauschen der Schlittenkufen und dem Heulen der Hunde.

Meine Gedanken beginnen zu schweifen, und plötzlich ist es Frühling. Es ist Morgen, und ich wandere durch das Tal von Kagsimavik, vom Fjord hinauf ins Gebirge. Schon von weitem höre ich das Kochen und Brodeln fallenden Wassers. Als ich näher komme, werden alle anderen Geräusche vom Tosen des wilden Schmelzwasserflusses aufgesogen, ich spüre den Wassernebel im Gesicht. Ich setze mich zwischen Heidelbeersträucher und Zwergbirken, Krähenbeeren und Heidekraut und starre, geblendet von all der Schönheit, auf das Wasser. Ich fühle: Was ich jetzt erlebe, ist der Beginn des Frühlings.

Die Winterruhe ist vergangen, die Natur zu neuem Leben erwacht. Das Eis ist aufgebrochen, der Schnee als Dampf zum Himmel gestiegen. Nur auf den nach Norden gewandten Hängen leuchten noch grauweiße Schneeflecken. Dieses ist der Beginn der glücklichen Zeit, die in Grönland *Upernaaq* heißt, Frühling, die verschwenderische Jahreszeit. In der das Leben in rasender Geschwindigkeit Leben erschafft, in der die Zeit ewig scheint, weil sie gerade jetzt geboren wird.

Lange sitze ich da, umfangen vom betäubenden Tosen der mächtigen Wassersäule. Und vergesse die Zeit.

Jørn Riel, 73, ist einer der großen Erzähler Skandinaviens. Auf Deutsch erschien zuletzt im Unionsverlag: „Zu viel Glück auf einmal." Der Däne hat Sumatra zu Fuß durchquert, lange für die Uno gearbeitet und lebt heute in Malaysia. Wolfgang Th. Recknagel übersetzte.

**Bundesrepublik Deutschland
Finanzagentur GmbH**

Ihr Kind will so gerne Tierarzt werden.
Dann können Sie erklären, dass Mutter Natur sich selbst hilft.
Oder ganz einfach das Studium finanzieren.

Damit die Berufsträume Ihres Kindes wahr werden, sollten Sie sich rechtzeitig vorbereiten. Bundeswertpapiere sind dafür genau die richtige Geldanlage – und noch mehr. Sie können damit kurz-, mittel- oder langfristige Ziele verfolgen, Anschaffungen planen, die Ausbildung sichern und fürs Alter vorsorgen – monatlicher Auszahlungsplan inklusive. Mehr Informationen jetzt unter 069/95 11 42 69 oder per Coupon.

Bundesschatzbriefe: Anlage mit 6 bis 7 Jahre steigenden Zinsen.
Finanzierungsschätze: Anlage mit 1 oder 2 Jahre festgelegten Zinsen.
Bundesobligationen, Bundesanleihen, Bundesschatzanweisungen:
Börsennotierte Wertpapiere mit unterschiedlichen Laufzeiten, festgelegten Zinsen und garantiertem Rückzahlungswert.

Bitte schicken Sie mir kostenlos ausführliche Informationen. Informationsdienst für Bundeswertpapiere, Lurgiallee 5, 60295 Frankfurt/M., Fax: 069/95 11 41 60, Mail: bwp@deutsche-finanzagentur.de

Name

Straße

PLZ, Ort

Weitere Informationen zu Bundeswertpapieren: automatischer Ansagedienst 069/95 11 41 59, Faxabruf aktuelle Konditionen 069/2 57 02 00 10, Faxabruf Kurse & Renditen 069/2 57 02 00 12. Oder bei der Bundeswertpapierverwaltung: Service-Center 0 61 72/10 82 22 oder 0 30/69 03 42 22, Service Computer 0 61 72/10 89 30 oder 0 30/69 03 49 30.

Wer will, der kann. Bundeswertpapiere.

www.bundeswertpapiere.com

IM TÖLT ZUM RAND DER WELT

Islandpferde sind echte Wikinger, robust und unerschütterlich.

TEXT: STEFAN SCHOMANN   FOTOS: PETER GEBHARD UND ECKHART MATTHÄUS

Rast auf der Anhöhe von Snæfjallaheiði. Noch auf der kargen Hochebene erknabbern sich die genügsamen Tiere ein Mittagessen

Die besten Gefährten also für einen Streifzug durch die rauen, verlassenen Fjorde im Nordwesten Islands

Wie ein träges, launisches Fabeltier liegt der Drangajökull über dem Bergrücken, eisgrau und ungeheuerlich. Ein kalter Hauch streicht die Hänge hinunter zum Meer. Bleibt mir vom Leib, scheint der Gletscher zu sagen, hier endet eure Welt.

Doch wir sind entschlossen, ihn zu überqueren. Nicht mit Steigeisen und Eispickeln, auch nicht auf Skiern. Sondern zu Pferd. Wir sind zu zwölft: fünf Touristen, sieben Einheimische. Bereit für Islands letzten Treck im alten Stil, ohne Trossfahrzeug also, dafür mit drei Pack- und fünf Ersatzpferden. Für uns ist es ein Abenteuer, für unseren Führer Þórður Halldórsson dagegen der gewohnte Weg von Laugaland nach Strandir, die seit Jahrhunderten genutzte Verbindung an die Ostküste. Auf ihr schaffte man früher kostbares Treibholz zu Pferd über den Berg, manchmal auch Särge oder Ruderboote. Das war immer noch einfacher als die gefahrvolle Umrundung der Halbinsel.

Auftakt am Kaldalón-Fjord: 80 Hufe donnern über den Fahrweg, setzen über den klirrenden, rasselnden, prasselnden Kieselstrand, pflatschen durch die von der Ebbe entblößten Tangwiesen, und schon geht es hinein in die eisigen Fluten, mit Ross und Reiter, mit Sack und Pack. Vorwärts durch die nur für zwei Stunden bestehende Furt, vorwärts, auch wenn es Trocknen im Gestänge. Das Geflüster des Regens lullt uns in den Schlaf.

Strandir bildet den nördlichsten Zipfel der Westfjorde, dieses korallenförmig in Richtung Grönland vorstoßenden Auswuchses. Hier ist Island am einsamsten. Und doch tauchen die Namen mancher Höfe schon in alten Sagas auf. Noch zu Zeiten von Þórðurs Großmutter wohnte in fast jeder Bucht eine Familie. Die Menschen ernährten sich vom Fischfang, zogen etwas Gemüse und hielten ein paar Rinder, Pferde und Schafe. In den 1950er Jahren aber entvölkerte sich die Region, und heute ist Laugaland einer der letzten bewohnten Höfe auf der Halbinsel.

Von der Schafzucht allein könnten die Halldórssons heute nicht leben, und so arbeitet Þórður auch als Postbote und Busfahrer. Dreimal im Jahr zieht der 44-Jährige mit Freunden und Gästen durch die Wildnis. Umreitet acht Tage lang den Gletscher, um ihn am Ende zu überqueren. „Es ist kein Geschäft", räumt er ein, „aber ein toller Urlaub, auch für mich."

Auf den Tourismus setzen die Bewohner der Westfjorde geradezu messianische Hoffnungen. Er soll die Gegend vor weiterer Landflucht bewahren, soll Straßen- und Fährverbindungen gewährleisten, Gastronomie und Handwerk stärken und den hätten wohl auch wir schon kapituliert." So aber ziehen immer mehr Wanderer, Angler und Paddler hinaus in das prachtvolle Grün der Fjorde. Auch der Wintersport verzeichnet Zuwächse.

Zeternde Raben übernehmen am Morgen den Weckdienst. Erst jetzt sehen wir bis ans andere Ufer, wo scharfkantige Tafelberge im Sonnenschein erstrahlen. Bald wallt Haferbrei im Kessel, die Espressokanne faucht. Gemächlich packen wir unsere Siebensachen, während Þórður und seine Helfer die Kisten auf die Lasttiere hieven. Im Gänsemarsch folgen wir dem alten, kaum mehr auszumachenden Postweg hinauf auf ein windgepeitschtes Plateau. Einmal stürzte ein Briefträger hier mitsamt seinem Pferd über eine Schneewechte ins Meer, erzählt Þórður. Würden nicht seine Reitergruppen und ein paar wackere Wanderer diese uralten Wege benützen, sie fielen der Vergessenheit anheim.

Erst durch die Tiere scheint die Landschaft zu sich selbst zu kommen. Ohne die Pferde wäre die Besiedelung der unwirtlichen Insel undenkbar gewesen. Die Steinwüsten des Landesinneren sind zu weitläufig, als dass sie sich zu Fuß durchqueren ließen. Von den Hängen und Hochflächen wiederum rauschen zahllose Gletscherflüs-

» Zeternde Raben übernehmen am Morgen den Weckdienst. Bald wallt Haferbrei im Kessel «

rauscht und spritzt.

Am Nachmittag beginnt der Himmel zu triefen, wir reiten durch ein kolossales Aquarell. In der Ferne machen wir die Umrisse eines Gehöfts aus. Doch es erweist sich als ein Geisterhaus. Drinnen künden zerschlissene Tischtücher und leere Bettgestelle von längst vergangener Behaglichkeit, in der Anrichte klebt ein Vogelnest. Einige Reiter wollen die Nacht in dieser Bruchbude verbringen, für die übrigen errichtet Þórður nebenan das große Tipi. Rund um einen Kanonenofen, in dem feuchtes Treibholz vor sich hin qualmt, rollen wir unsere Schlafsäcke aus. Bald baumeln Stiefel und Reithosen zum

Pferde im Gänsemarsch auf einem uralten Saumpfad, auf dem Weg in die Skorarheiði

Bauern zu Nebeneinnahmen verhelfen. Tatsächlich schwoll der Besucherstrom in den letzten Jahren an wie ein Gletscherbach im Sommer, berichtet Þórður. „Sonst se herab, und doch gab es bis vor 100 Jahren praktisch keine Brücken. Wer solche Pferde hat, braucht keine Stege. Genauso unerschrocken wie die Fjorde durchqueren unsere Pferde in den nächsten Tagen etliche Flüsse, umrunden Klippen in der Brandung und nutzen in sumpfigen Tälern die Bäche als Reitwege.

Meine Goldfüchsin heißt Sunna, die Sonnige. Ihr Ego ist mindestens so ausgeprägt wie ihr Tölt, jene zusätzliche Gangart, für die Islands Pferde berühmt sind. Ein kraftvolles, rhythmisches Trippeln, der Viertakt des Nordens. Vom Boden aus wirkt der Tölt grotesk, für den Reiter jedoch stellt er die bequemste Gangart dar. Es gibt auch noch einen fünften Gang, den ›

Über Stöcke und Steine trotten die Tiere, durch Bäche und Buchten, von denen manche bewohnt, aber viele verlassen sind.
Als Þórður Halldórsson, Postbote, Schulbusfahrer, Tourführer, das Zelt vor dem aufgegebenen Gehöft Sandeyri aufbaut, geht es auf Mitternacht zu.
Bis er die Lachsforelle à la Kanonenofen zubereitet hat, ist es tiefe Nacht. Oder schon wieder Tag?

Rosskur: Behaglich recken die Reiter ihre Füße in die Luft und lassen ihre strapazierten Pobacken vom heißen Thermalwasser umspülen. Boxenstopp auch für ein Pferd, das neu beschlagen wird. Und dann die Reiterkappe auf und weiter, durch die Hahnenfußwiesen bei Furufjörður. Auf den Trosspferden: das Zelt, der Kanonenofen

Rennpass, bei dem die Pferde abgehen wie geölte Blitze. Doch dafür waren die Strände nicht lang oder mein Mut nicht groß genug.

Was den Isländern vermeintlich fehlt, besitzen ihre Reittiere im Übermaß: Feuer. Sie gelten als die spritzigsten und zugleich ausdauerndsten Pferde Europas. Ställe und Tierarzt kennen sie allenfalls flüchtig, dafür verschmähen sie weder Seetang noch Heringe und tölten mit Spikes sogar auf Eis. Sie haben, wie Nationaldichter Halldór Laxness befand, „Wind in den Nerven" und ein unwiderstehliches Mienenspiel: „In den schräg stehenden Augen verbirgt sich ein Wissen, das den Menschen nicht gegeben ist, etwas vom Spott der Abgötter, und um Nüstern und Maul ein Lächeln, das kein Filmvamp nachahmen kann."

Farblich gibt es die Islandpferde in allen Schattierungen, dennoch bilden sie eine der reinsten Rassen der Welt. Seit 1000 Jahren gilt hier ein Einfuhrverbot für Pferde. Dafür entwickelten sie sich in den letzten Jahrzehnten zum Exportschlager. Gerade auch im deutschsprachigen Raum fand dieser Mythos auf vier Beinen eine begeisterte Gefolgschaft. Jedes einzelne Islandpferd fungiert als Botschafter seiner Kultur, verkörpert alle Wildheit und Romantik dieser Insel. Dem gleichen Wind zu trotzen, den gleichen Matsch zu durchwaten, das stärkt die Bindung zwischen Mensch und Tier. So wie sie unser Leben teilen, so werden wir in ihre merkwürdig missgünstige Welt einbezogen. Wie alle übrigen Pferde besitzt auch Sunna feste Vorstellungen, wer vor und wer hinter ihr zu gehen hat. Noch auf den schmalsten Pfaden herrscht ein ständiges Gerangel.

In der nordischen Mythologie kommen die Rösser gleich nach den Recken. Was wäre Siegfried ohne Gráni, Odin ohne Sleipnir! Selbst die Sonne käme nicht vom Fleck, zögen nicht Frühwach und Allgeschwind ihren Wagen. Versteht sich, dass auch der Tod und die Geister beritten sind.

Nachmittags, nach stoischem Ritt über die Hochfläche, liegt schließlich eine grüne, geschützte Bucht vor uns, in der wie hingewürfelt einige Häuschen stehen. Kaffeeduft und Schmalzgebäck erwarten uns bei den Johannessons. Während die Großmutter in der Ecke einen Fäustling strickt, lauschen wir der Familien-Saga. Vor 800 Jahren, erzählt Fridrik, sei das Land um die Bucht urbar gemacht worden, und noch 1940 hätten 100 Menschen hier gelebt, vom Fischfang und der Schafzucht.

„Solange alle zusammenhielten, vermochten sie sich zu behaupten. Doch als die Ersten gingen, löste das Netz sich auf." Auch seine Eltern wanderten ab nach Isafjörður. Weil niemand den Hof kaufen wollte, blieb er im Besitz der Familie, und heute nutzt sie ihn als Sommerdomizil. „Die Kindheit hier draußen wirkt wie eine Droge", sagt Fridrik träumerisch, „davon kommt man nicht los."

Einen letzten Rücken müssen wir noch überwinden, bevor wir im Nachbarfjord vor einem ähnlichen Puppenhäuschen absitzen. Þórður zaubert einen Schlüssel hervor – es ist unser. Über Nacht kommt echt isländisches Rheumawetter auf: Sprühregen wie aus 1000 Sprinklerdüsen, böiger Wind, schwarze Wolkenbäusche über den Bergen. Am Morgen ziehen wir alles über, was wir haben, stülpen sogar Plastiktüten über die Socken. Mal am Spülsaum entlang, mal über Pässe und

Dieser gut gebaute Blondschopf hört auf den Namen Ek. Im Hintergrund: der Drangajökull

» **Über Pässe und Grate** kämpfen wir uns durch eine Landschaft von brachialer Wildheit «

Grate kämpfen wir uns durch eine Landschaft von brachialer Wildheit. Die Ankunft der Wikinger scheint erst noch bevorzustehen.

Während die Pferde dickfellig dahintrotten, setzen uns Sturm und Regen zu. Früher oder später schlägt jeder leck. Die Aussicht, am Ende im pitschnassen Gras das Zelt aufzurichten, die Klamotten in den Rauchfang zu hängen, nur um am nächsten Tag erneut durchnässt zu werden – diese Aussicht lässt uns fast verzagen. Erschöpft langen wir nach sechs Stunden in Furufjörður an.

Halleluja – auch dieser Sommersitz ist bewohnt, und die Familie gewährt uns schlammbespritzten, schlotternden Gestalten Obdach. Verständlich, dass wir uns am Morgen noch mehr Zeit lassen als sonst. Denn davon haben wir reichlich. Die Mittsommertage hier, sie beginnen und sie enden nicht; die Nacht bildet nur eine vorübergehende Eintrübung, während die Sonne den Horizont touchiert.

Am nächsten Morgen versperrt uns eine 300 Meter hohe Wand den Weg, doch irgendwie kommen wir auch dort hinauf. Oben weiden wir uns am Rundblick über die Fjorde und den gleißenden Schild des Gletschers. Wie ein Glasauge glänzt ein Bergsee in einer Senke.

In Reykjarfjörður, dem Sommersitz der Jakobssons, legen wir einen Ruhetag ein. Gönnen uns ein Bad in einem von heißen Quellen gespeisten Becken und fallen danach in ein seliges Koma. Die Gefräßigkeit der Pferde scheint ansteckend: Wir futtern unseren Gastgebern die halbe Speisekammer leer. Gut, dass das Versorgungsboot bald wieder anlegt. Es wird auch Reykjarfjörðurs einzige Erzeugnisse mitnehmen: Bretter.

Die Fjorde von Strandir wirken wie ein riesiger Rechen, der Treibholz aus dem Nordatlantik fischt. Was Sibiriens Ströme ins Meer schwemmen, dient hier seit alters her zum Haus- und Bootsbau, für Packsättel, Kirchenbänke und Zaunpfähle. ❭

Þórður Halldórsson auf dem Weg zum Drangajökull. Am Rand des Eises serviert er das letzte Gericht: heiße Schokolade, gekocht aus Kakaopulver und Schnee. Die Pferde bereiten sich durch das Abzupfen von Moosen auf die Gletscherüberquerung vor

Und dann ist es Winter, hoch oben auf dem Drangajökull. Ein steifer Nordwest treibt Schneegriesel über den Gletscher, der in dichten Nebel gehüllt ist. Man sieht das Pferd vor Augen nicht. Halldórsson hat darum sein GPS hervorgeholt, das die Richtung weist. Eifrig hält er nach Gletscherspalten Ausschau. Ein Absturz wäre fatal

60 Jahre schon betreiben die Jakobssons ihr Sägewerk. Stolz spreizt der alte Ragnar seine Finger: „Sind alle noch dran!"

Der 73-Jährige zählt zu den Legenden der Westfjorde. Als junger Kerl erkletterte er, Jahrzehnte vor der Erfindung des Freeclimbing, einen als uneinnehmbar geltenden 400 Meter hohen Vogelfelsen. Und wenn drüben an der Westküste etwas gefeiert wurde, preschte er in acht Stunden über den Gletscher, tanzte bis in den Morgen hinein und ritt dann irgendwie wieder zurück.

Ihre Schafe mussten die Jakobssons seinerzeit drei Tage lang zum Schlachthof treiben. Auch wenn sie die Viehzucht längst aufgegeben haben – den Eiderenten steigt Ragnar immer noch nach. Für ein Kilo Daunen muss er 60 Nester erleichtern. Auch Spatel-, Pfeif- und Löffelenten, Raubmöwen und Eistaucher bevölkern die Bucht. Scharen brütender Seeschwalben betrachten das Tal als ihr Revier und stoßen mit ihren Schnäbeln auf alles herab, was sich bewegt. Wir laufen, mit Helmen und Zaunlatten bewehrt, zum Frühstück.

Als wir schließlich weiterziehen, flattert die Wäsche waagerecht an der Leine. Das Gras wogt, die Mähnen fliegen. Gierig saugen wir die Bilder in uns ein, der vorletzte Tag hat begonnen. Klirrende Lavafelder wechseln mit hypnotisch grünem Sumpfland. Am Küstensaum räkeln sich schläfrige Robben wie Meerjungfrauen auf ihren Felsen. Abends kommt noch einmal das Zelt zum Einsatz, in dem wir dann selbst wie Kegelrobben dicht an dicht liegen.

Am nächsten Morgen brechen wir früh auf. Die Überquerung des gut 900 Meter hohen Gletscherplateaus wird mindestens zehn Stunden dauern. Durch eine totenstille Geröllwüste steigen wir auf, höher und immer höher. Ein gespenstisch kalter Wind versucht uns zu verscheuchen. Ein letztes Mal halten wir Rast. Schokotafeln und eine Rumbuddel gehen von Hand zu Hand. Dann erstreckt sich ein trübes Eisfeld vor uns: der Drangajökull. Ein Gletscher von der Größe Hannovers. Munter trotten die Pferde hinein. Sie wissen, es geht nach Hause.

Kraftsparend treten sie in die Stapfen ihrer Vorgänger. Bald setzt Schneeregen ein. Wolken, Wind und Eis verschmelzen zu einem ungeheuren, weißen Nichts. Bis zu den Nasenspitzen vermummt, ziehen wir als archaische Kolonne über den spröden Firn. Þórður hatte uns am Morgen beruhigt: Spalten bilden sich bei diesem Gletschertyp nur selten, und wenn, dann weiter oben. Doch an einer Stelle schwenken wir in weitem Bogen nach unten ab. Sicher ist sicher.

Das rhythmische Andante und das allumfassende Weiß lullen uns ein. Oben, unten, vorne, hinten – bedeutet das noch etwas? Reiten wir geradeaus oder im Kreis? Der Blick verliert sich im Wesenlosen, die Wahrnehmung wird unscharf, die Gedanken zerfließen. Immer ferner rückt die Welt. Monoton verrinnen die Minuten. Immer langsamer schleicht die Zeit. Das große Schwungrad, das alles in Bewegung hält, gerät ins Stocken. Eine erhabene Gleichgültigkeit für alles, was nicht lebenswichtig ist, breitet sich aus. Im Sattel bleiben, Kräfte sparen, nicht erfrieren, nur darum geht es jetzt.

Manchmal bricht eines der Pferde bis zum Bauch ein, fasst aber sofort wieder Tritt. Dann ragen die ersten Felsen aus dem Eis. Wenig später kommt die Sonne durch und zaubert tief drunten eine silbrige Blässe auf unseren Heimatfjord. Nun gibt es kein Halten mehr: In wilder Hatz fegen die Pferde die moosgepolsterten Hänge hinunter, hechten über Gräben, stürmen durch reißende Schmelzbäche, und so sausen wir denn als eine jubelnde Lawine zu Tal, auf Laugaland zu. ❙

» Der Blick verliert sich im Wesenlosen. Immer ferner rückt die Welt «

Manchmal begegnete **Stefan Schomann**, 42, auf seinem Ritt durch die Westfjorde Wanderern. Er beneidete sie nicht: Die Wege sind steinig oder sumpfig. Doch was zu Fuß eine Strapaze sein muss, war zu Pferd ein Genuss.

Wenn Sie das Nordland so sehr lieben, fahren Sie doch mit uns

Nordland-Reise

Wenn es etwas Schöneres gibt als einen Sommer im Süden, ist es sicherlich der Sommer im hohen Norden. Das tiefe Wasser der Fjorde und die schneebedeckten Berge glänzen. Die Tier- und Pflanzenwelt präsentieren sich in verblüffender Vielfalt. Und auch die Bewohner scheinen aufzutauen. Genießen Sie mit der EUROPA den Augenblick, wenn die Sonne den Norden wach küsst – und dazu all die erwarteten und unerwarteten Annehmlichkeiten, die Ihnen jenes Kreuzfahrtschiff bietet, das als einziges vom Berlitz Cruise Guide mit mehr als fünf Sternen ausgezeichnet wurde.

MS EUROPA
Nordland-Reise
von KIEL nach HAMBURG
über Oslo, Fjaerland, Molde, Svartisen, Trondheim, Geiranger und Bergen
EUR 0515,
10.7. – 21.7.2005,
11 Tage, pro Person ab
€ 4.990

Weitere Informationen und Buchungen in Ihrem Reisebüro oder über Hapag-Lloyd Kreuzfahrten, Ballindamm 25, 20095 Hamburg. Prospekte: Kennwort EU0505001, Telefon (0800) 22 55 55 6*, Telefax (0800) 22 55 55 7*, www.hlkf.de *gebührenfrei

Hapag-Lloyd Kreuzfahrten

DIE FRAU, DIE NICHT AN ELFEN GLAUBT

Björk fasziniert uns. Fast sämtliche neueren Musikströmungen hat sie aufgesogen und zu einem einzigartigen Stil verschmolzen. Und sieht sie nicht aus wie eine Elfe? Ein Vergleich, über den die Sängerin nur lachen kann

TEXT: ALEX ROSS

Das erste Mal habe ich Björk im Borg getroffen, einem Art-déco-Hotel im Zentrum von Reykjavík. Anfang der 1980er Jahre war es der Treffpunkt einer Gruppe rebellischer Jugendlicher. Sie hockten an der Hotelbar und entwarfen Theorien über Anarchie und Punkrock. Unter ihnen: Björk Guðmundsdóttir, Tochter eines Elektrikers und einer Feministin. Björk sang damals in einer Band namens Kukl, „Schwarze Magie", und sie liebte es, mit ihrem Auftreten zu schockieren. Einmal entblößte sie, sichtlich schwanger, im Fernsehen ihren Bauch.

Heute, mit 39, ist Björk weltberühmt. Sie hat sieben Soloalben veröffentlicht, an denen Musiker aus der ganzen Welt mitgewirkt haben, Inder, Iraner, Brasilianer, Grönländer. Für ihre Hauptrolle in Lars von Triers Film „Dancer in the Dark" gewann sie 2000 bei den Festspielen von Cannes die Goldene Palme; ihre Gesangseinlage bei der Eröffnungsfeier der Olympischen Spiele in Athen bestätigte ihren Rang als musikalische Weltbürgerin.

Doch noch immer wirkt sie, als könne sie jederzeit mit einer Teenager-Punkrock-Band durchbrennen. An jenem Morgen betrat sie die Hotel-Lobby mit einer Marienkäfer-Mütze auf dem Kopf und roten Quasten an ihren weißen Schuhen. Tags zuvor hatte ein Eissturm die Straßen unpassierbar gemacht, aber über Nacht hatte sich die Luft wieder erwärmt. Wir nahmen ein Taxi, um zu einem Studio in der Vorstadt zu fahren, wo Björk an ihrem Album „Medúlla" arbeitete.

Björk hat fast sämtliche neueren Musikströmungen aufgesogen, von Avantgarde-Elektronik bis Jazz, von Soul bis Hiphop, und sie zu einem unverwechselbaren Stil verschmolzen. Das ist ihr künstlerisches Genie – und zugleich ein sehr isländischer Gestus. Schon immer haben sich die Isländer alles einverleibt, was von außen kam. Sie leben so weit abseits, dass sie sich ihre Kultur nach ganz eigenen Maßstäben zusammensetzen mussten: Kosmopoliten aus dem Eis, weltabgeschieden und weltoffen.

Am Abend zuvor war Björk im Theater gewesen und hatte dort „Der Meister und Margarita" gesehen, nach dem Roman von Michail Bulgakow. „Viele Isländer schwärmen für den Roman", sagte sie. „Er hat etwas sehr Nordisches. Eigentlich ist er so etwas wie ‚Alice im Wunderland' für Nordländer." Ich nickte und blickte zu einem Bergrücken in der Ferne. Björk sah mich an und fügte hinzu. „Aber hüte dich vor den nordischen Klischees, à la: ‚Ich bin Björk, die Wikingerin!'" Wenn die Manager internationaler Plattenfirmen nach Island kämen, klagte sie, fragten sie Band-Mitglieder oft, ob diese an Elfen glauben. „Wer ja sagt, kriegt einen Vertrag."

Das „Greenhouse-Studio" lag am Ende einer Sackgasse und sah aus wie ein gewöhnliches Einfamilienhaus. Auf der einen Seite des Gebäudes wohnte Björks Produzent Valgeir Sigurðsson, auf der anderen Seite war das große, penibel saubere Studio, vor dessen Fenstern bald ein blasser Mond hing. Wenig später marschierten 16 Sänger des Chors *Schola Cantorum* in den Raum; sie sollten die Singstimmen für „Medúlla" aufnehmen.

Björks Ausbildung begann klassisch. Als sie fünf war, schrieben ihre Eltern sie bei einer Musikschule in Reykjavík ein, dort lernte sie Flöte spielen, später sang sie in einem Chor. Auch das eine sehr isländische Leidenschaft; jeder Fünfte, so heißt es, ist Mitglied einer Gesangsgruppe. Nicht lange, und Björk erkundete, unter Anleitung eines Musiklehrers, auch die abgelegenen Winkel der E-Musik und wandelte bald selbst auf den Spuren der Avantgarde. Sie nahm das Schnarchen ihres Großvaters auf, um daraus einen Rhythmus zu mischen, oder ließ sich am Schlagzeug von einer Popcorn-Maschine begleiten.

Produzent Valgeir stapelte die Noten für die Singstimmen auf dem Tisch, und die Sänger bildeten eine schlurfende Schlange, um sich ihre Bögen abzuholen – ein zufälliger Besucher hätte sie für eine Gruppe zaudernder Adventssänger gehalten, nicht für Profis im Aufnahmestudio eines berühmten Plattenlabels. Sie wirkten nervös, doch Björk tat alles, um das Eis zu brechen. Sie dirigierte, gestikulierte, sang und tanzte; immer war sie ausgesucht höflich. Kritik leitete sie ein mit Wendungen wie: „Das Einzige, was ich noch sagen möchte...", oder: „Was ich jetzt nicht so toll finde..." Verlangte jemand nach einer konkreten Anweisung, sagte sie: „Mach, was immer *dir* einfällt. Ich möchte einfach hören, was *du* daraus machst."

Immer, wenn Björk sang oder sprach, war ihre Stimme auf Anhieb aus der Gruppe herauszuhören. Sie ›

Zum Steinerweichen schön: Björk Guðmundsdóttir hatte eine wilde Jugend, doch man sieht sie ihr nicht an

Eine große Stimme: Björk bei der Eröffnungsfeier der Olympischen Spiele in Athen

Alex Ross ist Musikkritiker des „New Yorker". Er schreibt über Adorno und Beethoven genauso wie über Radiohead und Sonic Youth. Barbara Schaden übersetzte.

hat ein dunkles Timbre, tief im Mezzosopranbereich, mit einem Vibrato, das gelegentlich herb ist wie bei einem heranwachsenden Jungen. Die bloße Existenz ihrer Stimme wird zur schöpferischen Kraft, zum Magneten, der die Musik in die richtige Richtung zieht. Jede Opernsängerin weiß, wie schwer es ist, Präzision und Gefühl stimmlich auszubalancieren. Wer viel Gefühl in die Stimme legt, verliert leicht die Kontrolle über den Ton; umgekehrt fällt es schwer, Gefühl zu transportieren, wenn man sich zu sehr auf die Bildung des Tons konzentriert. Björk kann beides zugleich – wie die größten Opern-Diven.

Vielleicht ist das Björks Geheimnis: Scheinbar mühelos vereint sie Gegensätze. Kaum erreichte sie das Teenager-Alter, vergaß sie zunächst ihre klassische Ausbildung und gründete mit einigen Punk-Musikern das Projekt Sugarcubes, „Zuckerwürfel", welches bald international bekannt wurde. Nach drei Alben rebellierte Björk gegen die Rebellion, verließ die Band und machte sich auf zu einer langen Fahrradtour durch Island. Manchmal hielt sie an den Dorfkirchen, um ein, zwei Stunden die Orgel oder das Harmonium zu spielen. Eines ihrer schönsten Lieder ist damals entstanden, pur, mäandernd, melodisch, typisch Björk – der „Anchor Song". Er erschien 1993 auf ihrem ersten Soloalbum „Debut", mit dem sie auf Anhieb ein Star wurde.

Wie ist Björk wirklich?, haben mich viele meiner Freunde gefragt, nachdem ich die Sängerin getroffen hatte. Herzlich ist sie, habe ich geantwortet, scharfsinnig und rastlos; verletzlich und stark, kindlich und kantig; erschreckend freimütig in praktisch allen Gesprächsthemen, ausgenommen sie selbst.

Einige Monate nach den Choraufnahmen fuhr Björk nach London, um bei der Abmischung von „Medúlla" dabei zu sein. Mark Stent, die graue Eminenz der englischen Elektronik-Szene, saß neben Björk hinter einem drei Meter breiten Mischpult. Bei dem Lied „Mouths Cradle" war Björk unzufrieden mit der Aufnahmequalität der isländischen Sänger. „Der Chor sollte mehr in der Mitte zu hören sein, nicht im Hintergrund", sagte sie zu Stent. „Irgendwie erdiger, schmuddeliger."

Sie zeichnete ein Viereck mit einer breiten Ellipse in der Mitte, um zu veranschaulichen, was ihr vorschwebte. „Da hinein sollen die Stimmen, sie sollen den Platz von Gitarren und Schlagzeug einnehmen", sagte Björk. Stent musterte das Diagramm ratlos. Er schien nicht recht zu wissen, wie er es in Klang umsetzen sollte. „Ich will nicht negativ sein", fügte Björk hinzu. „Nur was ich jetzt nicht so toll finde..."

Zur Veranschaulichung holte Björk ihren Laptop ins Studio, um Stücke aus ihrer MP3-Bibliothek vorzuspielen. Es folgte eine Rundreise durch die moderne Musik, bei der mir bald der Kopf schwirrte. Nach einem Stück aus Meredith Monks „Dolmen Music" ertönte das wehmütige Weihnachtslied eines isländischen Chores; auf die Avantgarde-Sängerin Joan LaBarbara folgten Gesangsstücke von John Cage. Endgültig schwindelregend wurde es, als Björk 30 Sekunden Justin Timberlake mit 30 Sekunden aus Karlheinz Stockhausens „Stimmung" kollidieren ließ.

„Es ist ganz einfach", sagte Björk. „Ein bisschen Justin, ein bisschen Karlheinz. Aber keine Weltmusik. Und kein Pop und keine Avantgarde und keine Klassik und keine Kirchenmusik. Versteht ihr? Irgendwie..."

„Slawisch?", fragte Stent.

„Genau", sagte Björk. „Slawisch ist das richtige Wort. Aber mit 'nem Schuss David Beckham."

„Gut", sagte Stent, und seine Miene hellte sich auf. „Langsam versteh ich. Die Stimmen haben alle einen wirklich natürlichen Sound. Eine einzelne Stimme in einem natürlichen Raum."

Er drehte sich zu einem Assistenten um und sagte: „Besorg mir einen TC6000." Das war ein Nachhallgerät, mit dem er den Stimmen einen Raumeffekt geben konnte.

„Manchmal", sagte Björk später, „verwende ich Wörter wie ‚heidnisch', aber das sage ich nur, um Gefühle rüberzubringen, die ich mit mir herumtrage und die ich im Zentrum dieses Albums haben will."

Ein paar Tage später war „Medúlla" fertig, und Björk wirkte dezent begeistert. Eines Abends kam ihr Mann ins Studio, der amerikanische Konzeptkünstler Matthew Barney, zusammen mit Isadora, ihrer gemeinsamen Tochter. Björk drehte die Musik laut auf, um das Geprassel des Frühlingsregens auf dem Dach zu übertönen. Sie nahm Isadora auf den Arm, und die ersten Takte des ersten Liedes erklangen. „The pleasure is all mine, to finally let go", sang Björk und tanzte durch den Raum, „mein ist das Vergnügen, nun endlich loszulassen." ❙

Dein Chef spielt sich auf.
Deine Nachbarn spielen verrückt.

Und Du spielst jetzt nicht mehr mit.

Die neue Honda Varadero Travel. Die Welt gehört Dir.

**Bestes Bremssystem ihrer Klasse mit Dual-CBS und optionalem ABS*. Neu: Komplettes Travel-
paket mit Koffersatz, Topcase, Hauptständer und Griffheizung für nur € 300,-** Aufpreis.**
Mehr Informationen unter 0 18 05/20 20 90 (€ 0,12/Min.) oder www.honda.de

*   lt. Zeitschrift MOTORRAD, Enduro-Vergleichstest, Ausgabe 08/2004
** Unverbindliche Preisempfehlung der Honda Motor Europe (North) GmbH beim Kauf einer neuen Honda Varadero 1000

Schaut auf diese **Stadt!**

46 GEOSpecial

Noch vor wenigen Jahrzehnten war Reykjavík ein tristes Nest im Nordatlantik. Heute summt die Metropole vor Kreativität, und Isländer setzen weltweit Maßstäbe, was Kunst, Musik und Lebenshunger angeht. Was ist passiert?

Legoland: Reykjavíks Trend-Viertel 101. Auch ihre Biografie gestalten viele Isländer als lustiges Steckspiel – freimütig und Neuem immer aufgeschlossen

TEXT: ANNE ZIELKE   FOTOS: HORST WACKERBARTH

Die Straße nach Reykjavík wirkt, als sei sie nur ein Kratzer in einer endlosen Geröllwüste, der schnell wieder verschwinden wird. Schroffe Berge säumen den Weg und baumloses Grasland; die Landschaft ist erhaben und feindlich. Tief unter dem Boden brodelt es, als sei die Erde bereit, den spärlichen Bewuchs und die Häuser in der nächsten Minute wieder abzuschütteln. An der Oberfläche spielt das Wetter verrückt: Zur Linken liegt die sonnenbeschienene, blaue See, während sich rechts Regenwolken ballen und Sturmböen das Wasser über die Fahrbahn peitschen. Für Menschen, erst recht für eine Stadt, scheint hier kein Platz zu sein. Schon auf dem Weg vom Flughafen merkt man: Reykjavík ist eine Anmaßung, eine Auflehnung gegen die Natur.

Die zweistöckigen Häuser in der Altstadt sind mit Wellblech verkleidet, windschief und seltsam schmucklos, als könne man jederzeit alles abreißen und woanders wieder aufbauen. Es gibt Städte, die sich herausputzen, die sich mit Boulevards und Triumphbögen schmücken. In Reykjavík sieht man davon nichts. Nur dass die Bewohner sich bewegen, als flanierten sie in der herrlichsten aller Metropolen. Reykjavík ist eine Stadt, die es gar nicht geben dürfte; sie verkörpert im Extrem die einzige Antwort, die der Mensch einer übermächtigen Natur entgegensetzen kann – Kultur.

Es war im Jahr 1961, als ein junger und abenteuerlustiger Katalane namens Baltasar Samper beschloss, Barcelona zu verlassen und in den hohen Norden, nach Reykjavík, zu reisen. Er hatte gehört: Ein halbes Jahr Arbeit auf einem Fischtrawler, und man konnte sich ein Häuschen oder einen Straßenkreuzer kaufen. Er wollte arbeiten, Geld verdienen und wieder nach Hause fahren. Er hatte nicht die geringste Ahnung, auf was er sich einließ.

Samper traf zu einer Zeit in Reykjavík ein, als das älteste Restaurant der Stadt gerade mal sieben Jahre alt war und es einen fernsehfreien Donnerstag gab, damit auch die Fernsehleute ausspannen konnten; als Alkohol kaum ausgeschenkt wurde und Bier nur mit einem Alkoholgehalt von zwei Prozent erlaubt war.

Mehr als 40 Jahre später, im August, warten Baltasar Samper und seine Frau im Mokka-Café auf uns; es liegt in der Skólavörðustígur, die von der Hallgrímskirche hinunter auf die Hauptstraße Laugavegur führt. In diesem Café hat sich Sampers Schicksal entschieden, damals. Jetzt nieselt es draußen, vielleicht sind es zehn Grad plus; eine Temperatur, wie sie im Sommer in Reykjavík nicht ungewöhnlich ist.

Baltasar Samper trägt ein hellblaues, gut sitzendes Hemd und eine Baskenmütze, unter der dunkles Haar hervorquillt. Er ist 67 Jahre alt, groß, und wenn er redet, begleitet er seine Worte mit lebhaften Gesten. Kristjana Guðnadóttir sitzt neben ihm, sie ist drei Jahre jünger, eine strahlende Frau mit feinem, blondem Haar, in das sich weiße Strähnen mischen; die beiden kichern oft miteinander und lächeln sich an, manchmal streicht er über ihre Hand.

Warum wir Samper treffen? Weil er ein Zeuge ist. Weil er erlebt hat, wie sich Island innerhalb von wenigen Jahrzehnten aus einer Schafzüchtergesellschaft in eine der reichsten Nationen verwandelt hat. Weil er die isländische Mentalität bestens kennt; er hat sie aus nächster Nähe betrachtet, mit den Augen eines Fremden. Er lächelt. „Als ich vor 44 Jahren hergekommen bin, gab es nur einen Katalanen außer mir. Ach ja, und zwei Franzosen und vier Italiener."

Und viele Amerikaner. Mit ihnen hatte der Aufschwung eingesetzt. Im Zweiten Weltkrieg boten sich die Vereinigten Staaten als Schutzmacht an und errichteten einen Luftwaffenstützpunkt; Dänemark, zu dem Island damals gehörte, war von den Deutschen besetzt. Die Ankunft der Amerikaner war eine Chance. 1944 wurde Island Republik. Mit den Fremden kamen Geld und Dinge, die man bis dahin nicht kannte. Bald konnten die Isländer die Annehmlichkeiten westlichen Lebens bei sich daheim genießen. Wobei sie sich durch gewisse Vorlieben auszeichneten: Bereits im Jahr 1946 gab es in Island pro Kopf die meisten Badewannen in Europa.

Den Moment zu genießen und ihn richtig zu nutzen: Vielleicht verdanken die Isländer diese Einsicht den heißen Quellen, die überall im Land sprudeln. Auch im ›

VIGDÍS FINNBOGADÓTTIR

» Es gibt eine pulsierende **Energie** in diesem Land «

Auch das höchste Staatsamt besetzen die Isländer bisweilen auf unkonventionelle Weise: Vigdís Finnbogadóttir wurde in einem Leserbrief vorgeschlagen. 16 Jahre, von 1980 bis 1996, war die unverheiratete Frau Präsidentin des Inselstaates. Eine Sensation: Es war das erste Mal weltweit, dass eine Frau einen Staat lenkte. Finnbogadóttir manövrierte ihr karges Reich behutsam in die Mitte des Zeitenstroms: 1986 trafen sich in Reykjavík Gorbatschow und Reagan zu dem Gipfel, der den Kalten Krieg aufzutauen half. »Meine Wahl zeigt den Charakter der Isländer: Sie sind mutig und trauen sich etwas«, sagt Finnbogadóttir. Das gilt auch für sie: Eine Adoptivtochter zog sie allein auf. Heute arbeitet sie für die Uno.

Schirmherrin einer stolzen Insel: Vigdís Finnbogadóttir vor dem alten Nationaltheater, das sie in den 1970er Jahren leitete

unwirtlichen Island kann man dank der *heiti potturinn* oder „heißen Töpfe" immer gemütlich im Warmen sitzen, auch wenn es nur für eine Viertelstunde ist. Ein Sieg über die Widerwärtigkeiten des Wetters, ein Zeichen der Unabhängigkeit, des hoffnungsfrohen Entrinnens, des geschenkten Momentes, seit alters her.

Immer wohlhabender wurde das Land. Heute verdienen die Menschen im Durchschnitt mehr als in Deutschland. Und die Hauptstadt wuchs und wuchs; längst hat sie die einstigen Nachbarstädte erreicht, Reihenhäuser und Bungalows, reinlich und weiß, ziehen sich weit hinaus ins Umland, wie bei einer amerikanischen Vorstadt. Gut 170 000 Menschen leben in Reykjavík, mehr als die Hälfte aller Isländer.

Und schon lange sind Ausländer wie Samper keine Exoten mehr. 320 000 Besucher kommen jährlich nach Reykjavík, die Stadt ist berühmt für ihr Nachtleben.

Sich dort aufzuhalten gilt als Statussymbol; die Stadt ist teuer, dabei wirkt sie überhaupt nicht exklusiv. Zu den größten Vergnügen gehört es immer noch, in heißen Quellen zu baden oder, etwas moderner, Golf zu spielen. Baltasar Samper liebt es, zu reiten. An langen Sommertagen sind er und seine Frau auf Pferden unterwegs, irgendwo auf der Insel, wo sich die Wirklichkeit verflüchtigt, verdrängt von der Illusion ewigen Lichts.

Samper tauscht einen Blick mit seiner Frau. Und dann erzählt er, wie es kam, dass er für viele Jahre seinen Namen verlor; in einem Land, das zwar gerade den Anschluss an die Moderne gefunden hatte, aber auf Einwanderer nicht vorbereitet war.

Als Baltasar Samper nach Reykjavík kam, hatte er keineswegs vor, seinen Namen gegen einen isländischen einzutauschen. Doch dann traf er im Mokka-Café Kristjana Guðnadóttir. Die Geschichte ist klassisch: Samper trat mit seiner Gitarre ein, ihre Blicke trafen sich, ein paar Monate später waren sie verheiratet. Kaum waren sie verheiratet, kam das erste Kind. Kaum war das erste Kind da, entschloss sich das Paar, ein gemeinsames Atelier aufzubauen. An diese Windeseile gewöhnte sich Samper schnell. Er lernte: In Island verliert man keine Zeit.

Wer Isländer werden wollte, musste einen traditionellen Namen annehmen, das verlangte lange Zeit ein Gesetz. Ein Neuisländer mexikanischer Herkunft wählte genervt den Namen Eilífur Friður, was nichts anderes als ein Stoßseufzer ist und so viel wie „Ewiger Frieden" bedeutet. Samper wollte sich „Egill Skalla-

---

SIGRÍÐUR HALLDORSDÓTTIR

» Die Sommer waren wie ein **Traum**. Dann kamen die langen Nächte, und die Großeltern haben Geschichten erzählt «

Eigentlich lehrt sie Krankenpflege an der Universität von Akureyri. Aber natürlich, auch die Tochter von Literaturnobelpreisträger Halldór Laxness schreibt – Gedichte, die weltweit gelesen werden. Dichten ist für die Isländer so lebensnotwendig wie das Lachen. Jeder Zehnte veröffentlicht in seinem Leben einen Text, das ist die höchste Autorenquote der Welt. Literatur war in Island schon im Mittelalter nicht Sache der Kirche, sondern der einfachen Menschen. In langen Nächten zeichneten sie blutrünstige Sagas auf, die anderswo in Vergessenheit gerieten – Weltliteratur vom Ende der Welt.

Mehr als ein Spiegel der Wirklichkeit: Halldorsdóttir mit alten und neuen nordischen Sagen im Antiquariat Bókavarðan

Strukturwandel: Als Kind spielte Einar Örn im alten Hafen. Heute rosten hier die Anlagen – Örns Generation ist mit Kultur erfolgreich

grímsson" nennen. Die Behörden waren empört und lehnten ab: Jener Egill Skallagrímsson war ein ruhmreicher Saga-Poet, da hörte in Island der Spaß auf. Der Katalane wurde schließlich als David B. Guðnason eingebürgert, während seine Frau weiterhin Guðnadóttir hieß; so ähnelten sich die Nachnamen wenigstens.

Mittlerweile hat Samper seinen richtigen Namen zurück; er arbeitet in Reykjavík als angesehener Maler. Und er kann es sich nicht vorstellen, an einem anderen Ort zu leben. Der Freiheitsdrang der Isländer gefällt ihm, und auch ihre Toleranz. Das sei überhaupt eine ihrer auffälligsten Eigenschaften. „Neben der Besessenheit natürlich, ständig ihre Stammbäume zu durchforsten", lästert Samper. Letztendlich sei auf dieser abgeschiedenen Insel jeder mit jedem verwandt, wenn man ein paar Jahrhunderte zurückgehe.

„Alle Isländer denken, sie stammten von den Wikingern ab", sagt er. „Aber die reisten als Seefahrer durch die Welt. Und ihre Frauen? Die vergnügten sich in Wirklichkeit mit den geraubten, keltischen Sklaven." Baltasar Samper lacht, während seine Frau ihm einen Klaps auf den Rücken gibt. ❯

> » Ohne **Alkohol** hätte sich die Stadt nie gewandelt «

Das Lebensgefühl des neuen Reykjavík wurde in den 1980er Jahren geboren – als Einar Örn und die Sängerin Björk zusammen mit ihrer Band Kukl im Hotel Borg auftraten, einem der wenigen Orte, die eine Schanklizenz besaßen. Bis dahin durften Bands nur in Kinos oder Schulen spielen. Erstmals reagierten Rockmusik und Alkohol miteinander und ergaben ein zündfähiges Gemisch, das explosiven Talenten zusätzlichen Schub verlieh. Heute treibt Örn sein Musikprojekt »Ghostigital« voran und betreut Björks Homepage. Zum hysterischen Vorwärtsdrang junger Reykjavíker sagt er: »Viele wollen den schnellen Erfolg und sehen die harte Arbeit nicht.«

EINAR ÖRN

Eine Generation später können die Isländer Namen tragen, wie sie ihnen gefallen. Baltasar Sampers Sohn heißt Baltasar wie sein Vater, aber mit Nachnamen Kormákur, er ist 37 Jahre alt und ein bekannter Regisseur. Er hat die Komödie „101 Reykjavík" gedreht, die vor einigen Jahren ganz Island begeisterte. Was nicht zuletzt daran lag, dass sich Baltasar Kormákur gleich in seinem Erstlingswerk der örtlichen Mentalität angenommen hat. „In einem kleinen Land", sagt der Filmemacher, „geht man die Dinge mit einer gewissen Aggressivität an."

Kormákur schlendert die Laugavegur hinunter, die Hauptstraße, vorbei an den kleinen, mit Wellblech verkleideten Häusern. Er verkörpert jene Art von gepflegter, urbaner Nachlässigkeit, die überall die Türsteher beiseite treten lässt; er hat tiefbraune Augen und dunkle, strähnige Haare, hinten zum Zopf gebunden, und trägt eine Jeans. Er hebt die Hand und grüßt, manchmal nickt er, er hat hier viele Freunde. Die meisten kennen ihn von früher, als er noch Schauspieler war.

Zuerst, sagt Kormákur, blickte Island auf die Welt, um zu lernen, um aufzuholen. Erst in den vergangenen 20 Jahren hat die Welt begonnen, auf Island zu blicken. Was an der Sängerin Björk genauso lag wie am Gipfel 1986 in Reykjavík, als Gorbatschow und Reagan das Ende des Kalten Krieges einleiteten. Die Isländer wurden immer selbstbewusster.

Kormákur muss nicht lange nach Beispielen für den Machbarkeitswahn und die Schnelligkeit der Isländer suchen: Die Uno ruft 1975 das Jahr der Frau aus, und wenig später wird Vigdís Finnbogadóttir als erste Frau der Welt ins höchste Staatsamt gewählt. Kaum gibt es Kreditkarten, werden sie selbst am Hotdogstand am Hafen akzeptiert. Am Flughafen wird bereits die biometrische Gesichtserkennung eingesetzt. Durch die Straßen der Stadt fahren mit Wasserstoff betriebene Busse. Und während anderswo noch über die Entzifferung des Genoms gestaunt wird, hat Island längst mit der Vermarktung des nationalen Genpools begonnen. Und Baltasar Kormákur? Kaum läuft sein kleiner Film über Reykjavík in den europäischen Programmkinos, dreht er bereits für Hollywood.

„‚101 Reykjavík' war eine Liebeserklärung an diese Stadt, und wie alle Liebeserklärungen ist sie übertrieben", sagt Kormákur, der in Reykjavík vor allem die Energie liebt, die die Menschen in den Sommernächten umtreibt, wenn sich die Unterschiede zwischen Tag und Nacht verwischen und einen das Licht am späten Abend glauben macht, es sei erst Nachmittag. „Eigentlich aber geht es darum, wie ich die letzten Jahre verbracht habe – und wo."

101 ist die Postleitzahl der Innenstadt. Längst ist das eine Marke. Läden haben sich danach benannt, seit der Film zu sehen war, und auch ein neues, schickes Hotel an der Hverfisgata heißt so. Kormákurs Film hatte das neue Reykjavík zur Kulisse, das in den letzten Jahren entstanden ist; es ist die ironisch gefärbte Selbstdarstellung einer Stadt voller hedonistischer, hysterischer und leicht bekleideter Menschen.

Bei Kormákur knutschen Frauen wild mit Frauen, man zieht T-Shirts hoch oder zieht sie aus und fällt zu hämmernden Beats im Halbdunkel einer Bar übereinander her. Außerhalb Islands staunte das Publikum. Das also ist am Rand des Polarkreises los; so geht es zu in Reykjavík, in der Nacht.

Die dämmrige Bar aus „101 Reykjavík" gibt es wirklich, sie heißt „Kaffibarinn" und gehört Kormákur selbst. Er hat sie nach einem Aufenthalt in London eröffnet. Auf den Sofas sitzen meist schon nachmittags junge Leute in Retro-Trainingsjacken und Turnschuhen, jeder Zweite hat ein schneeweißes Laptop vor sich.

In Reykjavík bekommt man schnell den Eindruck, dass jeder ein Künstler sein will, wenn er nicht schon einer ist, und das in mindestens zwei Sparten. Musiker sind gleichzeitig Schauspieler, Komponisten arbeiten als Filmemacher, Bildhauer als Schriftsteller. Ein junger Mann verkauft nachts Hotdogs und verteilt tagsüber selbst geschriebene Gedichtbändchen. Es gibt Arbeiter aus der Fischfabrik, die aus mittelalterlichen Sagas rezitieren können und nur deshalb in ein größeres Haus umziehen, damit sie endlich Platz für ihre Büchersammlung haben.

Noch immer kommt der Literatur ein herausragender Platz zu. Kulturdenkmäler haben auf der Insel über ›

KRISTJANA GUÐNADÓTTIR + BALTASAR SAMPER

» Isländer lieben die **Freiheit**. Und die Toleranz «

Als Baltasar Samper sich in den 1960ern als einer der ersten Ausländer auf Island einbürgern ließ, war das Laisser-faire noch unbekannt: Der Katalane musste sich für sein Bleiberecht einen nordisch klingenden Namen erfinden. Mittlerweile hat Samper seinen richtigen Namen zurück. Seit 40 Jahren ist der erfolgreiche Maler mit der ebenfalls sehr bekannten Bildhauerin Kristjana Guðnadóttir verheiratet. Ihr Atelier haben die beiden Künstler in einen Hügel gegraben, ganz nah am Meer, dort wo die Stadt vor der Weite zurücktritt. Denn diese Weite lieben sie: Seit 30 Jahren reiten sie im Sommer über die unwegsame Insel, wenn sich die Wirklichkeit verflüchtigt, verdrängt von der Illusion ewigen Lichts.

Kunst als die bessere Natur: Samper und Guðnadóttir mit Wolfshund und Wolfsbild, Leitstute und Stutenskulptur vor ihrem Atelier

Jahrhunderte nur in Form von Sprache und Literatur existiert. Die Schrift öffnete den Weg in eine unsichtbare, mächtige Gegenwelt, die Vergangenheit und Gegenwart und alle Isländer in einem gemeinsamen Kosmos verband. Jeder zehnte Isländer veröffentlicht im Laufe seines Lebens einen Text. Es gibt hier, relativ zur Bevölkerungsgröße, die meisten Autoren der Welt; das hat den Badewannenrekord längst abgelöst.

Die Kunst ist die letzte, die wahre Bastion der Unabhängigkeit und Freiheit, welche die Isländer mit erstaunlicher Konsequenz erobern. Erst half der technische Fortschritt, sich nicht mehr der Natur ausgeliefert zu fühlen; jetzt baut man die herrschaftsfreie Zone aus. Und wenn die isländische Neigung dazukommt, schnell zu sein, begeistert und intensiv, dann wird auf einmal jeder zum Künstler, auch wenn er gar nichts kann, und so entstehen in der kleinen, großen Reykjaviker Welt Berührungspunkte zwischen wirklichem Leben und einer Fantasiewelt; Berührungspunkte, die woanders nicht möglich wären.

Es ist Abend geworden und Wochenende. Zwei junge Frauen, Künstlerinnen natürlich, schlagen vor, eine Freundin zu treffen. Die junge Frau heißt Bryn-

---

HELGA HAUKSDÓTTIR

» Heute ist **Reykjavík** eine wilde Stadt, kosmopolitisch, irrwitzig und grün «

Hauksdóttir, Managerin des Isländischen Sinfonieorchesters, kann es manchmal nicht fassen, wie unglaublich schnell sich ihr Land gewandelt hat. Gerade 15 Jahre ist es her, dass Deutsch oder Englisch zu sprechen abfällig als »Ausländischreden« abgetan wurde. Inzwischen gibt es kaum einen Isländer, der nicht mehrere Sprachen beherrscht. Heute kommen Menschen aus der ganzen Welt nach Reykjavik. »Man erkennt sie sofort an ihren bunten Survivaljacken«, sagt Hauksdóttir, »während die Reykjaviker in der neuesten Mode umherlaufen und sich klaglos dem Risiko aussetzen, vom nächsten Regenguss durchweicht zu werden.«

Postmoderne Elfe: Orchestermanagerin Hauksdóttir vor der »Perle«, einem ehrgeizigen Mischkomplex aus Museum, Restaurant und Heißwasserspeicher am Rand von Reykjavik

Am Set: Für seinen Film »Trip to Heaven« ließ Kormákur 150 Kilometer südöstlich von Reykjavík eine amerikanische Kleinstadt nachbauen

dis, sie wartet im „Kaffibarinn", jener Bar, die auch im Film „101 Reykjavík" eine Rolle spielt; Held Hlynur verbringt dort seine Zeit, wenn er nicht gerade in der Badewanne sitzt und eine Spanierin sich über ihn lustig macht.

Bryndis, die dunkle Haare hat wie eine Spanierin, kündigt an, dass ihr Freund noch vorbeischaue. Eine halbe Stunde später ist er da. Man hat das Gefühl, ihn schon einmal gesehen zu haben, und als Bryndis ihn als Schauspieler vorstellt, wird klar, warum. Er heißt Hilmir Snær Guðnason und spielt den Hlynur im Film; vielleicht war Hilmir auch das Vorbild für Hlynur, wer weiß das schon genau. Es wird spät, es wird unübersichtlicher im „Kaffibarinn".

Immer mehr hedonistische, hysterische und leicht bekleidete Menschen schieben sich durch die Bar. Bryndis macht sich über Hilmir lustig, obwohl sie nicht Spanierin ist und er nicht Hlynur; natürlich kennt Bryndis Baltasar Samper, wer kennt den nicht, überhaupt kennt in Reykjavík jeder jeden, und alle reden übereinander, ein einziger Klatsch. Und je weiter der Abend fortschreitet, umso mehr beginnt das „Kaffibarinn" zu brodeln, wie im Film. Laute Rockmusik, die Feuertür wird aufgerissen, Menschen drängen auf die Straße, irgendwo in 101 Reykjavík, und bespritzen sich mit Wasser.

In all dem Tumult wird ein Piepsen beständig lauter. Bryndis hebt die Hand und stellt den Alarm ihrer Armbanduhr aus. Sie lächelt. Der Alarm komme jeden Tag zur selben Stunde, sagt sie, egal, ob sie früh oder spät zu Bett gehe. Sie könne ohne ihn nicht leben, er ist die Kontrolle, die Herrschaft über die Zeit, und das sei wichtig für eine Frau, die den Zwängen des Alltages und den Bedürfnissen eines kleinen Kindes unterworfen ist.

Es ist eine Anmaßung, eine Auflehnung. Bryndis will immer wissen, wann Mitternacht ist.

> » Gletscher am Tag, Bar in der **Nacht**.
> Das beschreibt Reykjavík am Besten «
>
> *Schon wieder klingelt das Handy. »Mein Leben macht mich verrückt«, sagt Baltasar Kormákur. Welches Leben? Er hat viele: Filmemacher, Schauspieler, Theaterregisseur, Kneipier in der legendären Bar »Kaffibarinn«. Hier drehte Kormákur Teile des Streifens »101 Reykjavík«, der das Viertel in der ganzen Welt bekannt machte, genau wie die selbstironische Lebensgier von leicht bekleideten, hysterischen Isländern. Der Gewinn aus dem »Kaffibarinn« half Kormákur damals, den Film zu finanzieren. Beim nächsten Projekt ist Hollywood mit eingestiegen: Jetzt dreht er einen Thriller in einer amerikanischen Kulissenstadt südlich von Reykjavík.*
>
> **BALTASAR KORMÁKUR**

Horst Wackerbarth, 54, erinnerte das ausufernde, von breiten Highways zerschnittene Reykjavík bisweilen an Los Angeles. **Anne Zielke**, 32, schwitzte jeden Morgen in einem Hotpot, zusammen mit Helga Hauksdóttir. Zielke hat auch die Reportage über Grönland auf Seite 88 geschrieben.

GEO Special **55**

DIE NR. 6 AUF DER LISTE DER
MOMENTE, FRIEDVOLLER ALS IM MÄRCHEN

Nummer 8 ist vor einem Beduinenzelt in der
Wüste, unter Millionen von Sternen.
Nummer 7 ist vor dem Kamin in einem schottischen Schloss,
in dem es überall knackt und knarrt.
Aber es ist die Nummer 6, die Sie beflügelt.
Und sollten Sie den 40 Räubern begegnen, wird Ihre
American Express Karte in der Regel binnen 24 Stunden
ersetzt, damit Ihre märchenhaften Erlebnisse nicht
vorzeitig enden müssen.

Mehr erfahren Sie unter 069 9797-3838
oder auf www.americanexpress.de

TEXT: ARIEL HAUPTMEIER

Holiday

Willkommen auf einem der schönsten Zeltplätze der Welt, einer Eisscholle auf der Höhe von Tasiilaq, die mit rund 15 Kilometern am Tag die Ostküste Grönlands hinabtreibt

Ostgrönland, 1869: Ein Schiff versinkt im Eis. 14 Männer retten sich auf eine Scholle und treiben hilflos die Küste hinab. 135 Jahre später driftet wieder eine Expedition auf einer Eisinsel durchs Polarmeer – dieses Mal zum Vergnügen

on Ice

Alles treibt, alles fließt, nichts hat Bestand in

Willy Bauer strahlt. Er ist dort, wo er seit Jahren sein möchte – mitten im Treibeis. Und sendet Grüße an die ferne Heimat

Ein Schiff, es ist die Hansa, tastet sich durchs Eis. Die Schollen drängen heran und gleiten davon, schwappen knirschend an den Rumpf der Schonerbrigg und schwimmen lautlos fort, kommen zurück, umschließen das Schiff, umklammern es fest und immer fester, um abermals zurückzuweichen und Kanäle stillen Wassers freizugeben. Alles treibt, alles fließt, nichts hat Bestand in dieser wundersamen Welt aus weißen Scherben.

Zum Nordpol wollen sie, die 14 Männer der Zweiten Deutschen Polarexpedition im Jahr 1869, quer durchs „eisfreie Polarmeer", von dem in jenen Jahren viele Geographen träumen. Es existiert nicht. Schon im August werden die Umarmungen der Schollen zudringlicher. Beängstigendes Schieben und Krachen im September. Bis schließlich, am 22. Oktober 1869, die Hansa in einer gewaltigen Pressung leckschlägt und gurgelnd in die Tiefe sinkt. 14 Männer bleiben zurück. Auf einer Scholle, im Nirgendwo des Packeises, weit nördlich vor der Ostküste Grönlands.

135 Jahre später, an einem milden Julitag des Jahres 2004, steht Willy Bauer, Bäckermeister im Ruhestand, auf einer Eisscholle vor Ostgrönland und schaut hinaus in den Polarstrom. Zwischen Streifen dunklen Wassers treibt Eis, unübersehbar viel Eis, vom Wind, den Wellen und der Sonne zu fantastischen Skulpturen geformt. Hier ein Schneckenhaus. Dort ein Amboss. Weiter hinten, ragt da nicht eine Kirchturmspitze aus dem Wasser? Und draußen im Polarstrom: schneeweiße Mehrfamilienhäuser, Kirchen, Ritterburgen – allesamt Eisberge, Majestäten des Packeises, die stolz nach Süden ziehen, ihrem Verschwinden entgegen.

Bauer dreht sich um. Ein paar Zelte stehen da, mit Eisschrauben an die Scholle geheftet. Sie ist so groß wie ein Fußballfeld. Es gibt einige hellblaue Schmelzwassertümpel, einen Presseisrücken, vielleicht drei Meter hoch, und einige orangefarbene Tupfer. Bauer zählt sie, es müssten sieben sein, stimmt: sieben leuchtende Schwimmwesten von sieben Reisenden. Sie stehen herum und schauen, sitzen oder liegen auf isolierenden Gummimatten, schweigen jedenfalls, versunken in das Panorama. Denn sie sind hier, um zu empfinden.

Es gibt nur ein Ziel: Überleben. 400 Pfund Brot und 60 Pfund Speck schleppen die Männer der Hansa gerade noch rechtzeitig auf ihre Scholle, ihre Jacken aus Büffelpelz und die Zündnadelgewehre, den Branntwein und die Bücher. Und verstauen alles in einer Hütte, die sie aus Presskohle gemauert haben. Daneben, vertäut, die Beiboote König Wilhelm, Bismarck und Hoffnung. Hoffnung?

„Unsere Lage bietet, von welcher Seite wir sie auch betrachten, nur zu wenig Aussicht auf Errettung", schreibt der Zweite Steuermann Wilhelm Bade am 31. Oktober 1869 in sein Tagebuch, „angewiesen auf eine jämmerliche Hütte, die auf einer gebrechlichen Eisscholle steht, welche jeden Augenblick zertrümmern kann, 900 Meilen entfernt von Kap Farvel, wo wir erst hoffen dürfen, bestimmt Menschen anzutreffen. Es bleibt uns nichts anderes übrig, als auf unserer Scholle auszuhalten und auf ihr südlich zu treiben. Zerbricht sie unter uns, nun, dann ist freilich alles aus."

Sie driften zügig die Küste hinunter, angetrieben vom Polarstrom, ihrer Rettung entgegen – oder ihrem Untergang. Auf Wärme müssen sie hoffen, damit sie ihre

Fünf Menschen untersuchen eine Scholle. Ist sie stabil Hat sie irgendwann ein Eisbär als Floß benutzt?

dieser wundersamen Welt aus weißen Scherben

Boote aussetzen können, die Wärme müssen sie fürchten, weil sie ihr Floß abtaut. Mit jedem Kilometer schrumpft ihre Insel. Mit jedem Kilometer wächst ihre Hoffnung. Der Kampf beginnt.

Bäckermeister Bauer schlendert los zu einem Kontrollgang um die Insel, er hat Wachdienst. Erbsengroße Körner knirschen unter seinen Stiefeln, Spuren der allmählichen Zersetzung des Eises. Vom Schollenrand tropft Sickerwasser, darunter, in den Brandungskehlen, nagen Wellen. Alles kündet von Vergänglichkeit. Eben ist ein großes Randstück, seiner Stütze beraubt, knallend abgebrochen und hat die Insel minutenlang schwanken lassen.

Doch jetzt ist wieder alles still. Nicht lange, nachdem die Reisenden mit dem Aufstellen ihrer Zelte die Insel in Besitz genommen haben, sind alle in ein andächtiges Schweigen verfallen, eine sprachlose, fast schon fromme Erschütterung. Das wenige, was gesagt werden muss, wird bald geflüstert, und nun hängen alle ihren Gedanken nach. Warten. Horchen in die Stille und beobachten das geisterhafte Spiel der Schollen.

Die Reisenden: Einer ist einmal ohne Geld von Deutschland nach Albanien gewandert und kauft jetzt hauptberuflich teure Fernreisen für einen großen Veranstalter ein. Er hat sich in die schroffen, schneebedeckten Küstengebirge versenkt und fragt sich, warum so ein starker Sog von ihnen ausgeht. Eine Frau, sie ist Chefstewardess, hat sich die Gegenrichtung vorgenommen, das alabasterne Trümmerfeld des Polarstroms, und denkt, dass sie noch oft an diesen Anblick denken wird; sie ist ergriffen.

Ihr Mann, Lehrer für Fallschirmsprung und Tai Chi, hat eben seine Winterjacke aus- und ein rotes Leibchen angezogen, ist in Position gegangen, hat aber gleich wieder aufgegeben. Es sei zu kalt für Tai Chi, sagt er, es fließe keine Energie. Robert Peroni, der Reiseleiter, hält in seinem Zelt Siesta. Seine beiden blonden Helferinnen sitzen tuschelnd auf dem Presseisrücken. Ein Journalist macht mit klammen Fingern Notizen. Mortaa, der Fahrer, hantiert in seinem hölzernen Kabinenboot. *Elke* heißt es.

Bäckermeister Bauer hat derweil den Presseisrücken überquert, ganz vorsichtig, ist wieder hinuntergeschlittert und schaut jetzt hinaus in den Polarstrom. Steht da und träumt. Wie gern er weiter draußen wäre. Weit, weit draußen. Um ins Nirgendwo zu driften, nur eine Spur aus Wassertropfen hinterlassend. Den Elementen ausgesetzt. Der Natur so nah wie nie zuvor in seinem Leben.

Was hätten die Männer der *Hansa* wohl dazu gesagt, dass man 135 Jahre nach ihrem Unglück freiwillig ins Treibeis reist? Dass man die geborstenen Eisflächen nicht reizlos, sondern schön findet?

Immer kürzer werden die Tage, immer düsterer wird die Welt. „Die Kohlenwände unseres Hauses, der Dunst der frei brennenden Petroleumlampe, die stänkernde Asche aus dem Ofen tragen alle zur Ver- ⟩

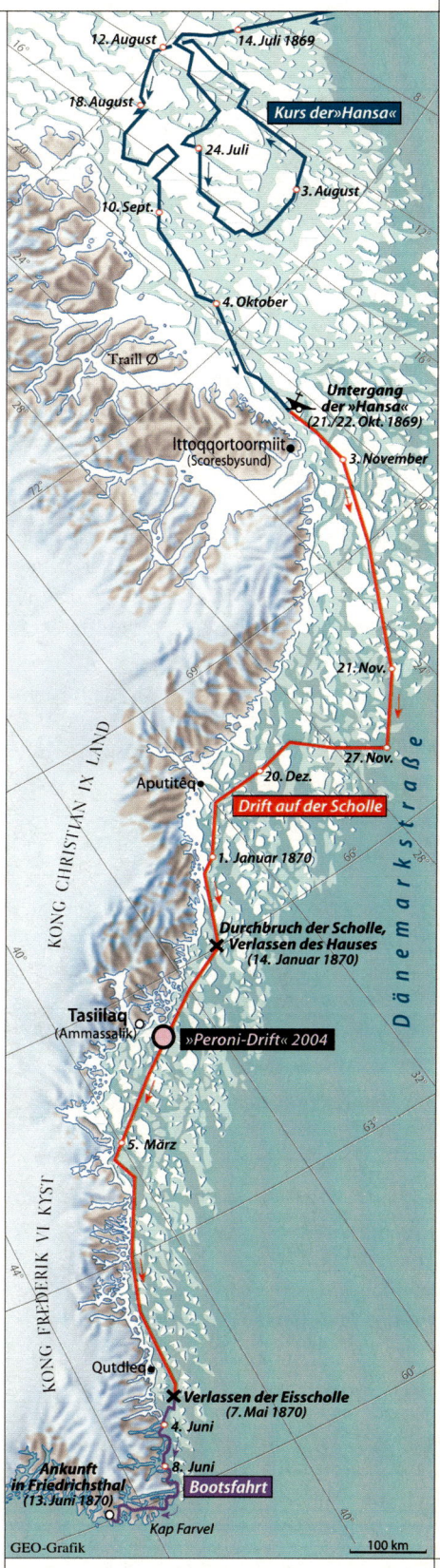

genug? Wie alt mag sie sein?

Die Männer der Hansa überstanden 1400 Kilometer Verzweiflung, Angst – und Langeweile

Sie wollen dieses Meer erleben, das Segelschiffe in

dunkelung der Haut bei", notiert Steuermann Bade. Doch es gibt Lichtblicke. Zu Heiligabend basteln sie einen Weihnachtsbaum aus einem Reisigbesen und behängen ihn mit Lametta, das sie aus einer Mehlkiste geschnitten haben. Wie behaglich da ihre Hütte wirkt. Gemütlich wie ein Hamburger Austernkeller.

Am 3. Januar 1870, in tiefster Polarnacht, kommt Sturm auf. Bade: „Während ich dies schreibe ist es 2 Uhr nachmittags, vielleicht schon nach 2 Stunden ist keiner mehr von uns am Leben. Unser Eisfeld ist in Zertrümmerung begriffen und wird zusehends kleiner, das Verderben naht sich mit fürchterlicher Schnelligkeit." Reglos liegen die Männer da, Brotbeutel, Gewehr und Schneeschuhe neben sich. Und hören schweigend zu, wie ihre Scholle in Stücke gehauen wird.

Zwei Wochen dauert der Sturm. Am 14. Januar, in einem Inferno aus Eis und Wind, zerbricht die Insel mitten unter ihrem Haus. Die Männer flüchten ins Freie und legen sich im dichten Schneesturm neben ihre Boote, ihre letzte Deckung vor dem Orkan. „Wenn das letzte Eisstück unter unseren Füßen zertrümmert ist, wir vielleicht in Spalten fallen und Arme oder Beine vom Eise zerquetscht werden, ist es dann noch Feigheit oder Sünde, sich eine Kugel durch den Kopf zu schießen?" So liegen sie da und warten auf das Ende. Minute um Minute, Stunde um Stunde.

Tag um Tag. Regen, immer neuer Regen. Eine halbe Woche lang saßen Willy Bauer und die anderen Reisenden anfangs in Tasiilaq fest, ehe sie hinaus auf ihre Scholle konnten. Immer unerträglicher wurde ihnen das Warten, immer dunklere Schichtwolken zogen in den Fjord, verschluckten die Berge und hüllten die bunten Häuser in dichten Niesel. Sie blickten ungeduldig aus dem Fenster, spielten Karten, und Bauer, 65 Jahre jung, erzählte, dass er zuletzt die Wüste Takla Makan bereist habe. Ihn interessierten „die Naturkräfte".

Einmal hat er einen Vortrag von Robert Peroni gehört. Dem Grenzgänger, dem Asketen, dem Philosophen der Extreme, der 1983 Grönland an der breitesten Stelle überquert hatte, ein dreimonatiges Ringen mit dem Tod. Jahre später stand Peroni in einem Vortragssaal, zeigte seine Farbdias und raunte, man müsse lernen, mit dem Herzen zu sehen ... Auf Willy Bauer wirkte das wie eine Droge. Als er hörte, dass Peroni 2003 zu einer Eisinsel-Drift einlade, meldete er sich sofort.

Robert Peroni ist 60 Jahre alt, hager, groß, grauhaarig und zerfurcht. Er spricht leise und lächelt viel, er wirkt sanft und überlegen. Ein Magier. Auf jener Reise aber entpuppte er sich als pedantischer Egomane, der Teebeutel abzählen ließ für die vermeintliche Expedition, die nie stattfand. Die Wellen waren zu hoch, die Schollen zu klein, aber das verschwieg ihnen Peroni bis zuletzt. Übellaunig flog Willy Bauer damals zurück nach München. Doch als ihn Peroni Ende 2003 fragte, ob er noch einmal mitkomme, hinaus zu den Schollen, da zögerte Bauer nur wenige Minuten. Er wollte dieses Meer erleben, das Segelschiffe in Schrotthaufen verwandelt, Schneid in Demut und stolze Polarforscher in rußgeschwärzte Überlebende. Er buchte erneut.

Und dieses Mal hatte er Glück: Am vierten Morgen klarte es auf.

Jetzt steht er auf der Scholle, sacht schwankt sie im Polarstrom. Er weiß nicht, was er denken soll. Nach all dem Wünschen und dem Warten. Ist das hier das, wonach er sich so lange gesehnt hat? Man

Nachts lassen die Schollen-Reisenden ihre Schlafsäcke offen und behalten ihre Schuhe an, genau wie die Rettungswesten – falls doch etwas passieren sollte. Immer dichter wird derweil das Treibeis

Schrotthaufen verwandelt und Schneid in Demut

müsste doch viel weiter draußen sein, dort, wo vom Land nichts mehr zu sehen ist. Hinausdriften, tage-, wochenlang. Den Gefahren, den Stürmen trotzen. Hinaus zum Nullpunkt, zum Endpunkt, hinter dem nur noch der Tod lauert. Er weiß, dass es unmöglich ist. Wie käme man von dort zurück? Was, wenn es wirklich brenzlig würde? Der Spalt, der sich da aufgetan hat, zwischen seinen Wünschen und den Möglichkeiten, irritiert ihn. Dieser Zwie-Spalt, den so viele Abenteuerreisen haben.

Helles Entsetzen, kalte Angst: Die Scholle, nur noch 250 Schritte groß, rast auf einen Eisberg zu, wieder droht das Ende, wieder bleibt es aus. Dann, im März 1870, nach 140 Tagen Drift, wird einer der

Die Abendsonne kommt hervor und lässt das Weiß-Blau des Treibeises aufleuchten – und einer aus der Gruppe versucht die Kälte mit Tai Chi zu bekämpfen

Männer wahnsinnig. Dr. Buchholz, der Wissenschaftler, war den anderen gleich durch seine Melancholie aufgefallen. Verräter!, brüllt er jetzt, in einem Anfall von Raserei, gemeine Verräter! Ich habe genug! Ich gehe! Und marschiert los und stürzt sich ins eisige Wasser.

Sie retten ihn. „Sein Aussehen wird immer bedenklicher, obgleich wir die Hoffnung noch nicht aufgegeben haben, dass vielleicht die zeitweise Tobsucht in einen gutartigen, harmlosen Wahnsinn übergehen wird", notiert einer der Männer. Nachts hält der Kapitän den Wissenschaftler in einem Verschlag neben seinem Bett gefangen, tagsüber lässt man ihn viel an der freien Luft spazieren. „Ein Mann ist ihm beständig zur Seite, der eine Leine, welche Dr. Buchholz um den Leib gebunden ist, ständig in den Händen hält, um plötzlichem Entspringen vorzubeugen."

Was ist es, dass den Wissenschaftler so verwirrt hat? Niemand weiß es. Vielleicht hat die fortgesetzte Todesangst seinen Geist vernebelt. Oder es war die Leere, die ihn so verwirrt hat.

Diese endlose, geisterhafte Eisfläche. Diese gleichgültige Wüste aus weißen Kristallen, dieser 100 Kilometer breite, schrundige Lindwurm aus Schollen, der sich mit 15 Kilometern am Tag an Grönlands Ostküste hinunterwindet und 2800 Kubikkilometer Eis pro Jahr nach Süden befördert, Eis, das im arktischen Becken gefroren ist, einige Jahre den Pol umkreiste und dann in den ostgrönländischen Polarstrom eintrat, erst die Framstraße, dann die Dänemarkstraße passierte, hinter welcher der Meeresboden mehr als 3000 Meter hinabfällt, jede Sekunde fünf Millionen Kubikmeter eisigen Wassers in die Tiefe saugend, mehr als in allen Flüssen dieser Welt, und so den Lindwurm an der Oberfläche antreibt, dieses stahlharte Ungeheuer, voller Rippen, Wülste, Stauchzonen, Primär- und Sekundäreis, Festeis, Treibeis, Packeis, allochthonem, autochthonem Meereis...

Vielleicht hat Dr. Buchholz all das irgendwann nicht mehr ertragen.

Es gab das Versprechen, die Welt für einige Tage zu verlassen. Die Aussicht, sich für eine Weile im Nichts des Treibeises zu verlieren und dabei auch sich selbst zu finden. So eine Drift, hatte Robert Peroni erklärt, sei schließlich eine „Expedition mit dem Kopf, mit dem Herzen und mit der Seele". Und die Scholle ein „Studienraum", in dem „Freiräume des Geis- ❯

GEO Special **63**

Sind Schollen »Energieplätze im Eis«?

Reiseleiter Robert Peroni hat Grönland an der breitesten Stelle durchwandert. Seither weiß er, wie wichtig warme Füße sind – seine aluminiumbedampften High-Tech-Stiefel kosten 600 Euro

tes" erfahrbar würden. Sich treiben zu lassen, heiße das nicht, loslassen zu können? Leuchteten die Schollen nicht derart intensiv, dass sie „erleuchtet" seien? Für ihn jedenfalls seien sie „Energieplätze im Eis".

Es wird Abend. Die Sonne, lange hinter einer hohen, dünnen Wolkenschicht verborgen, kommt hervor und verzaubert die Landschaft. Zeit für das Abendessen. Es gibt „Peronin", Astronautennahrung mit Vanillegeschmack, die zwar nicht satt macht, aber äußerst nahrhaft ist, ein halber Liter Sauce entspricht einer vollen Mahlzeit. Künstliche Nahrung für Expeditionen, wenn es auf jedes Gramm Gewicht ankommt. Und dieses ist ja eine Expedition – „mit Kopf, Herz und Seele".

Spürt ihr etwas?, fragt jetzt einer der Reisenden. Alle lachen. Nein, niemand spürt etwas, und die Frage danach ist ein ständig wiederkehrender Witz. Niemand hat die „Freiräume des Geistes" betreten, von denen Robert Peroni zuvor so suggestiv zu schwärmen wusste. Nun spottet man über diesen esoterischen Unsinn. Aber klingt nicht auch Enttäuschung durch? Fast scheint es so, als habe man doch auf eine existenzielle Erfahrung gehofft. Auf eine profane Erleuchtung im Eis.

Es wird Nacht. Aber es wird nicht dunkel. Der hohe, nun fast wolkenlose Himmel färbt sich orangefarben, hellblau, dunkelblau und grau, verdoppelt vom glatten, stillen Meer. Erst gegen Mitternacht verblasst die Farbenpracht, und eine schattige, blaue, geheimnisvolle Dämmerung breitet sich über das Eis.

Die Scholle hat jetzt Fahrt aufgenommen und driftet einem riesigen Eisberg entgegen, der scheinbar unbeweglich daliegt. Er ist glatt und hoch und weiß, ein gewaltiges, gekipptes U, ein märchenhafter, formvollendeter Palast. Lautlos gleitet die Scholle heran, für einen Augenblick verschwindet die Welt, es gibt nur noch diese bläulich-weiße, gleichmäßige, feste Wand, diesen glatten Berg aus blauem Eis, und als er vorübergezogen ist, sieht man dahinter schon die Morgenröte leuchten.

Gegen fünf Uhr morgens, nach nur 20 Stunden auf der Scholle, stellt sich Mortaa, der Grönländer, auf das Dach seines Kabinenbootes, beginnt laut zu rufen und die Fäuste zusammenzuschlagen. Die Geste ist klar. Die Schollen drängen heran, das Eis schließt sich und bedrängt sein Boot. Widerwillig schälen sich Willy Bauer und die anderen aus ihren Schlafsäcken. Beginnen, die Zelte abzubauen. Ob man nicht

noch bleiben könne? Robert Peroni schüttelt den Kopf. Es wäre zu gefährlich.

Vier Boote fahren heimwärts. Drei heißen *König Wilhelm*, *Bismarck* und *Hoffnung*. 14 bärtige Männer mit verbrannten Gesichtern sitzen darin, bekleidet mit verklumpten Pelzen und zerschlissenen Schuhen. Voller Freude, voller Wehmut haben sie Anfang Mai die Scholle verlassen, auf der sie in 200 Tagen 1400 Kilometer weit nach Süden gedriftet sind. Bald werden sie die Missionsstation von Kap Farvel erreichen und am 3. September 1870 Hamburg. Alle 14 haben überlebt, gezeichnet, aber unversehrt, sogar Dr. Buchholz geht es besser. Doch kaum jemand bemerkt sie. Das Deutsche Reich feiert den Sieg in der Schlacht von Sedan, wen interessieren da 14 zerlumpte Polarforscher? Und schon bald wird sich Staub auf ihre Tagebücher legen, sanft wie fallender Schnee, und stetig werden die Männer der *Hansa* dem Vergessen entgegentreiben, wird verblassen, was sie erlebten. Ihr Schiffbruch, ihre Drift, ihr ... Abenteuer?

Das andere Schiff heißt *Elke*. Ein Grönländer steht am Steuerrad, er kurbelt wild hin und her, die Schollen liegen dicht an dicht, manche Durchlässe sind kaum breiter als das Boot. Die Männer und Frauen darin sehen müde aus. Sie tragen farbige Jacken und gute Stiefel, sie schweigen. Sie wissen nicht, was sie sagen sollen. Sie sind sich nicht sicher, was diese Reise zu bedeuten hat. Doch nicht lange, und sie werden von ihrer Scholle zu erzählen beginnen, und je öfter sie davon erzählen, desto klarer wird ihnen: Es ist eine gute Geschichte. Und irgendwann, Monate später, wird Willy Bauer sagen: Es war eine schöne Reise. ▮

Auch Heftredakteur **Ariel Hauptmeier**, 35, denkt oft zurück an die kleine Scholle im großen Meer. Die Hansa-Tagebücher entnahm er dem Band „200 Tage im Packeis" von Reinhard A. Krause.

64 GEO Special

Jetzt im Handel

Unendlich viel Land – unendlich viel zu erzählen: Eine Reise durch Sibirien.

Schon immer hat das wilde russische Hinterland die Seele berührt. Und auch heute ist niemand vor der Sehnsucht nach der endlosen Weite Sibiriens gefeit. GEO macht sich auf in den kalten Osten und bringt Ihnen die rauhe Schönheit des Landes näher. Jetzt im Handel.

www.geo.de

GEO. Die Welt mit anderen Augen sehen

Zwei Seelen schlummern unter diesem Fell: Knud Rasmussen war Däne, Ethnologe, Kaufmann – und Grönländer, Bärenjäger, Abenteurer

Es war ein
Forscher in Thule

Er war einer der bekanntesten Abenteurer des letzten Jahrhunderts: Auf sieben legendären Expeditionen erkundete Knud Rasmussen die untergehende Welt der Eskimos – und wurde dabei fast zu einem der ihren

TEXT: JENS-RAINER BERG

Zuerst ist es nur ein Punkt im endlosen Weiß. Knud Rasmussen kneift die Augen zusammen. Ist das – ein Mensch? Mehr als 1000 Kilometer sind er und seine Begleiter Grönlands Westküste hinaufgefahren, ohne einer Seele zu begegnen. Der Punkt wird größer. Rasmussen treibt seine Hunde an. Er erkennt, dass ihm ein Schlitten entgegenkommt, weiter, er spürt kaum noch den eisigen Wind, der an seinen Wangen beißt, schneller, die beiden Schlitten rasen aufeinander zu.

Unter Hundegeheul treffen sie zusammen. Alle springen ab. Rasmussen mustert die beiden Fremden: ein kleiner Mann in weiß schimmernden Hosen aus Bärenfell, eine Frau in einer Blaufuchsjacke mit spitzer Kapuze; die Haut ihrer Gesichter ist dunkel, ihre Augenbrauen sind mit Raureif überzuckert. Atemloses Schweigen. Die beiden Fremden starren zurück, sie wirken genauso überrascht. Endlich bricht Rasmussen die Spannung: „Hahinang Sunain", spricht er die Fremden auf Grönländisch an, „seid gegrüßt." Die anderen verstehen ihn. „Kraslunaks! Weiße Männer!", ruft der Eskimo. „Wir bekommen Besuch von weißen Männern!"

Wenige Stunden später an diesem Frühsommertag des Jahres 1903 sitzen Rasmussen und die Männer der „Dänischen Literarischen Grönland-Expedition" in einem Iglu in Agpat, einem kleinen Dorf auf der Saunders-Insel. In nur einer halben Stunde haben ihre Gastgeber die Schneehütte gebaut. Jetzt wärmt eine Tranlampe die kleine, weiße Höhle am Ende der Welt.

Knud Rasmussen ist angekommen. Drei Jahrzehnte lang, bis zu seinem Tod, wird er den Polareskimos verbunden bleiben, wird ihre Kultur erforschen und ihre Sagen sammeln. Sein Studium hat der 24-Jährige abgebrochen, weil ihn die abenteuerliche Expedition lockte; in die Geschichte wird er eingehen als bedeutender Ethnologe. Sieben Forschungsreisen quer durch die Arktis wird er unternehmen, am Rande des Menschenmöglichen.

Seit etwa einem Jahrhundert weiß man in Europa von der Existenz der Polareskimos, der Inughuit, jenes geheimnisvollen Volkes, das abgeschieden in den Eiswüsten Nordwestgrönlands lebt, in einer der unwirtlichsten Gegenden dieser Erde, kaum 1400 Kilometer vom Nordpol entfernt. Sie gehören zu den Inuit-Völkern, die kulturell miteinander verwandt sind und große Teile der Arktis besiedelt haben. Vor fast 1000 Jahren sind die Inughuit vom heutigen Kanada über den vereisten Smith-Sund nach Grönland gewandert.

Am Kap York, unweit von Agpat, erblickt 1818 der schottische Kapitän John Ross plötzlich Menschen in Tierfellen. Sie nähern sich dem Schiff nur zögernd, sie halten es ›

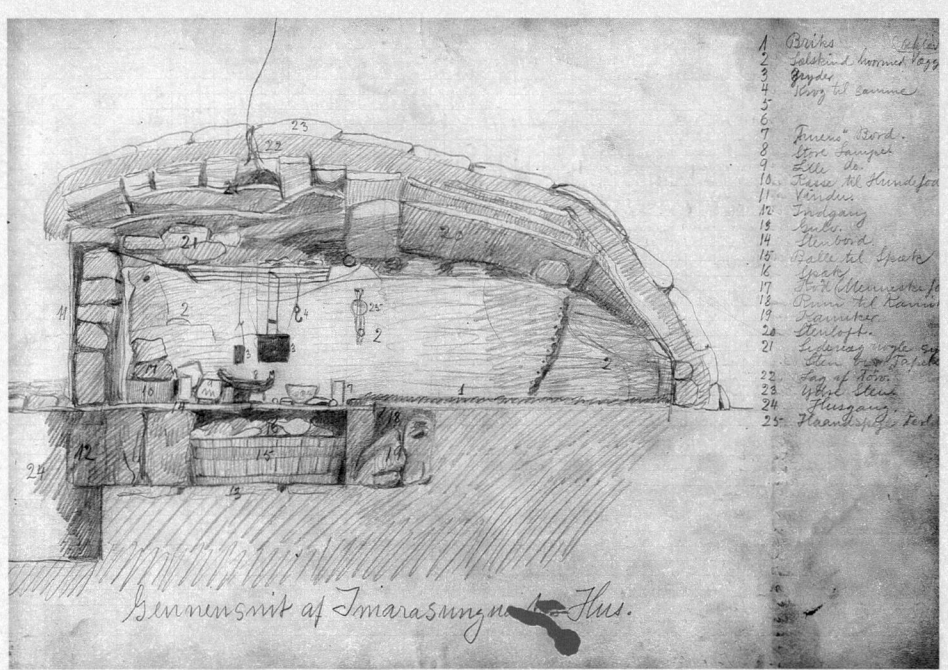

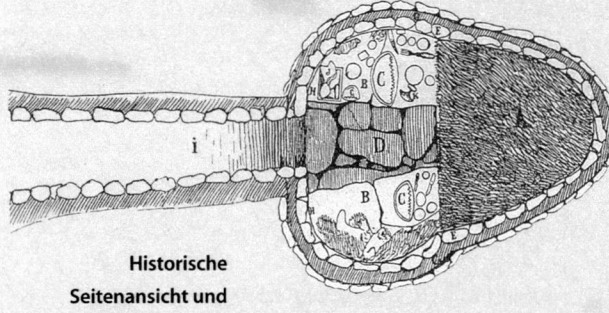

Historische Seitenansicht und Grundriss (unten) eines Winterhauses der Polareskimos. Es hat einen Eingangstunnel (Ziffer 24), eine Schlafpritsche (1), ein Fenster aus Robbendarm (11) und ein Lüftungsloch, die so genannte Nase (22)

für einen riesenhaften Vogel. „Wir sind allein auf der Welt", vertrauen sie dem Dolmetscher des Kapitäns an. Immer wieder verirren sich im Lauf des 19. Jahrhunderts Walfänger oder Forschungsreisende in die abgelegenen Breiten nördlich der Melvillebucht. Doch die Polareskimos sind für sie nicht mehr als das kuriose Inventar einer erbarmungslosen Landschaft, gering geschätzte Primitive, allenfalls nützlich als Handlanger.

Rasmussen ist der Erste, der diesen Menschen mit ehrlichem Interesse begegnet. Immer enger wird er mit den Polareskimos zusammenleben, immer mehr will er sich von der „Zivilisation befreien" und „zu einem der Eskimos werden". Und nicht nur das: Er will versuchen, ihre archaische Welt mit der Moderne zu versöhnen.

Seine frühe Jugend verbringt Rasmussen in Jakobshavn, im Südwesten Grönlands, wo er am 7. Juni 1879 geboren wird. Sein Vater ist Däne, seine Mutter stammt von Eskimos ab, von klein auf lebt Rasmussen in zwei Kulturen, ein unschätzbarer Vorteil für den späteren Ethnologen. Er liefert sich mit den anderen Kindern Kajakrennen zwischen den Eisbergen der Disco-Bucht und wird ein meisterhafter Schlittenfahrer; als er zwölf ist, verlässt er Grönland, um in Kopenhagen das Gymnasium zu besuchen.

Zehn Jahre später plätschert sein Studium ergebnislos dahin. Rasmussen hat alle erdenklichen Fächer ausprobiert und sogar Schauspielunterricht genommen. Aber immer weniger gefallen ihm das „einförmige Tagewerk" und die behagliche Bürgerlichkeit Dänemarks. In immer leuchtenderen Farben malt er sich das Leben eines Nomaden aus.

Als der Journalist Ludvig Mylius-Erichsen 1902 eine Forschungsreise organisiert, welche die Vergangenheit der Arktis-Völker ergründen soll, heuert Rasmussen begeistert an. Ein Jahr später, im Sommer 1903, begegnen die Männer der „Dänischen Literarischen Grönland-Expedition" dem nördlichsten Volk der Erde.

Nur Gräser, Moos und ein paar Sträucher wachsen bei den Polareskimos, fast das ganze Jahr liegt Schnee; vier Monate lang geht die Sonne nicht auf. Sie essen Fleisch, Fleisch und immer wieder Fleisch, Seehund vor allem und Walross, gekocht, roh oder angefault; Hasen ergänzen den Speiseplan, und einhornige Narwale, deren Vitamin-C-reiche Haut vor Skorbut schützt; dazu Rentiere und Seevögel, die während der Brutzeit zuhauf in den zerklüfteten Felsen der Küste nisten. Bis zu 500 der handtellergroßen Krabbentaucher fängt ein geübter Jäger mit seinem Netz an einem Tag.

Die Jagd ist das Zentrum des Lebens, das Erlegen eines Eisbären mit Pfeil und Bogen die Königsdisziplin. Keinem Ereignis fiebern die heranwachsenden Polareskimos mehr entgegen als ihrer ersten Eisbärenjagd. Rasmussen bewundert die Geistesgegenwart und die Todesverachtung, mit der die Männer zu Werke gehen. Um die unsterbliche Seele des Eisbären nicht zu erzürnen, legen sie dem getöteten Tier Speck, Fleisch und ein paar Lappen Fell über die Schnauze.

Ein erlegter Bär verschafft dem erfolgreichen Jäger Ruhm und hervorragende Pelze, aus denen die Frauen Hosen schneidern, die Temperaturen bis zu minus 60 Grad Celsius trotzen müssen. Noch wärmer sind Anoraks aus Blaufuchsfellen, über einem Hemd aus Vogelfedern getragen. Stiefel aus gebleichtem Seehundleder, mit Hasenfell gefüttert, heißen *kamiks*. Bei den Frauen reichen sie bis zu den Oberschenkeln. Auch Rasmussen trägt bald stolz zwei prachtvolle Exemplare.

Die Welt der Polareskimos ist weit und einsam. 50 verwandtschaftlich verbundene Kleinfamilien, rund 200 Menschen, bewohnen ein Gebiet, das sich mehr als 800 Kilometer entlang der Küste erstreckt – von Kap Seddon an der Melvillebucht bis fast hinauf zum Humboldtgletscher. In den riesigen Jagdgründen nehmen sich die zehn verstreut liegenden Dörfer und Lager aus wie Kiesel auf einem vereisten See.

Das wichtigste Werkzeug ist der Schlitten. Vor mehr als anderthalb Jahrtausenden erfanden Eskimos in Alaska das revolutionäre Gefährt aus Knochen, Holz und Robbenlederriemen; die Polareskimos brachten es mit nach Grönland. Schlitten sind unersetzlich: Alljährlich werden sie bepackt, wenn die Familien aus ihren festen Winterhäusern in die sommerlichen Zeltlager umsiedeln, oder wenn sie – was etwa alle vier Jahre geschieht – ihren Wohnplatz mit Leuten aus anderen Dörfern tauschen. Die besten Jagdgründe sollen alle nutzen.

Häuptlinge sucht Rasmussen in dieser Gesellschaft von Verwandten vergebens. Konflikte werden in rituellen Faustkämpfen oder spottgeladenen Gesangswettbewerben ausgetragen. Manchmal kommt es zur Blutrache. Offizielle Strafen kennen die Eskimos nicht, die Mörder werden nicht behelligt – so lange, bis sie selbst zum Opfer eines Racheaktes auserkoren werden.

Die Hütten und das Land gehören der Gemeinschaft. Solidarität ist lebenswichtig: Erbeutet ein Mann ein großes Tier, erhalten alle, die sich in der Nähe aufhalten, einen Anteil.

Besonders tüchtige Jäger übernehmen eine moralische Führungsrolle. Beim Essen gilt eine eiserne Regel: Erst die Hunde, dann die Kinder, dann die Männer, zuletzt die Frauen. Gnadenlos bestimmt die Härte der Umwelt das Leben der Gruppe. Kinder sind die größte Freude, aber in Zeiten schlimmster Not töten die Polareskimos ihre schwachen oder kranken Nachkommen. Sogar Geschichten von Kannibalismus hört Rasmussen. Es habe Hungersnöte gegeben, erfährt er, so furchtbar, dass Familien nur überleben konnten, indem sie ihre Toten aßen. Zu Rasmussens Zeiten ist das kaum 50 Jahre her. Der Forscher verklärt die Polareskimos trotzdem zu den „sorgenfreiesten Menschen der Erde". Weil sie sich auf so einzigartige Weise ihrer extremen Umwelt angepasst hätten.

Allmählich lernt Rasmussen den spirituellen Kosmos des Polarvolkes kennen. Geister, *tornarssuit*, greifen in den Lauf der Dinge ein. Einige Männer erzählen Rasmussen, wie ihnen die Geister der Toten im Traum erscheinen: als furchteinflößende Kreaturen mit großen Ohren, Hörnern, mächtigen Vorderzähnen und übergroßen, krallenbesetzten Pfoten. Zu den höchsten Mächten gehört Sila, der Geist der Luft. Er gebietet über das Wetter, schickt den Menschen Sturm und Schneegestöber.

Amulette und Zauberformeln helfen, die launischen Naturkräfte zu beschwichtigen und Gefahren abzuwehren. Das Fellstück oder die Tatze eines Bären verleiht dem Träger Unverwundbarkeit, vorausgesetzt, das Tier ist nicht von Menschenhand gestorben. Ein Fuchsamulett macht schlau. Wenige Auserwählte können zwischen den übersinnlichen Mächten und den Menschen vermitteln. Diese ›

Ein ABD aus Rasmussens Tagen, genutzt zur Alphabetisierung. Denn das Grönländische hat kein »C« – aber sehr viele »Q«

Zieht euch warm an, Kinder! Schon die Kleinen tragen Hosen aus Eisbärenfell, Stiefel aus Robbenleder und Jacken vom Blaufuchs

◆ Die Polareskimos glaubten, sie seien allein auf der Welt ◆

Kirchgang in Jakobshavn, Rasmussens Geburtsort. Auch er versteht sich als Missionar, aber er achtet die schamanischen Traditionen. Rechts: strahlendes Lächeln, fotografiert auf der zweiten Thule-Expedition

Schamanen, *angakoks* genannt, machen sich in rituellen Sitzungen niedere Geister zu Diensten und heilen so die Kranken oder wenden schlimme Hungersnöte ab.

Die Angakoks genießen größte Autorität. Sie wachen darüber, dass die Tabus eingehalten werden, jene ungeschriebenen Lebensregeln, die Generation für Generation weitergegeben werden: Eine Schwangere darf nicht aus demselben Topf essen wie die anderen; der Junge, der seinen ersten Seehund erlegt, darf an diesem Tag niemals den Schnee von seinen Kleidern klopfen; Verwandte dritten oder geringeren Grades dürfen nicht heiraten.

Rasmussen saugt all das begierig auf. Mit dem erwachenden Gespür eines Ethnologen beobachtet er genau und notiert so viel wie möglich. Auf zahllosen Streifzügen lernt er alle Regionen und die meisten Familien kennen. Er ist begeistert von ihrer Herzlichkeit, ihrer Geschicklichkeit, ihrem „Überschuss an Mut" und ihrer Härte; er bewundert ihre „beneidenswerte Leichtigkeit".

Es ist Mitte Oktober, Schneegeruch liegt in der Luft: Der Winter kommt. Rasmussen und die anderen entschließen sich, erst im kommenden Frühjahr die Heimreise anzutreten. Nach den hellen Sommermonaten naht die Polarnacht, „das große Dunkel". Woche für Woche ist die Sonne tiefer gesunken und hat die arktische Landschaft, wie zum Abschied, in einem Farbspiel aus Purpur, Violett und Orange erstrahlen lassen. Nun verschwindet die Sonne vier Monate lang.

Die Zeit beginnt, in der das Winterhaus im Mittelpunkt des Lebens steht. Wenn Rasmussen die Familien in ihren Iglus besucht, muss er vor dem Eingang kurz hüsteln. So verlangt es die Etikette, eine Einladung braucht er nicht. Drinnen riecht es nach Fell, Heu und Schweiß, nach angefaultem Fleisch und Urin, aufgehoben zum Waschen der Haare. Das einzige Lüftungsloch an der Decke, die „Nase des Hauses", schafft nur begrenzt Abhilfe. Tranlampen erwärmen die kleinen Kuppelbauten auf bis zu 20 Grad Celsius. Diese sind kunstvoll aus flachen Steinen, Torf, Knochen und Holz gemauert, die Wände verkleidet mit hellen Seehundfellen; das Fenster besteht aus gespanntem Robbendarm mit einem Guckloch in der Mitte.

Die Gastgeber sind allenfalls mit Hose und Stiefel bekleidet. Oft streift auch Rasmussen nach Betreten eines Hauses seine Kleidung ab,

Die Welt der Inughuit wankt unter den Infusionen der Moderne.

Scharfsinnig erkennt Rasmussen das kulturelle Dilemma, in dem die Polareskimos um die Jahrhundertwende leben. Nach seiner Rückkehr nach Kopenhagen im Sommer 1904 schmiedet er einen ebenso ehrgeizigen wie waghalsigen Plan: Er möchte den Inughuit helfen, ihre alte Lebensweise zu bewahren und sie zugleich vorsichtig in die westliche Zivilisation einbinden. Er will ein Handelskontor gründen, das die Polareskimos zu fairen Konditionen mit europäischen Waren versorgt. „Thule" soll die Station heißen. So nannte der antike Seefahrer Pytheas vor mehr als 2000 Jahren ein mythisches Reich im äußersten Norden; seither war Thule der klangvolle Name für die europäische Vision von einem arktischen Paradies.

Mit Lichtbildvorträgen über Grönland tingeln Rasmussen und sein Freund und Begleiter Peter Freuchen durch Dänemark, um Geld zu sammeln. Den größten Teil des Startkapitals von 12 000 Kronen können die beiden schließlich zwei wohlhabenden dänischen Geschäftsleuten abringen. 1910 ist es so weit. Mit einem Schiff bringen Rasmussen und Freuchen die hölzernen Einzelteile für das Kontorhaus in die Polarsternbucht, im Schatten des „Robbenherzens", einem 300 Meter hohen, glatten Felsmonolithen. Hier, im Zentrum des Polareskimo-Gebietes, in Nachbarschaft des 1000 Jahre alten Dorfes Umanak, nimmt die nördlichste Handelsstation der Erde ihre Arbeit auf.

Im Tausch gegen die wertvollen Felle des Blaufuchses erhalten die Polareskimos nun ihre Waren, zu niedrigen Festpreisen. Rasmussen bietet ein stark begrenztes Sortiment an, um die Tradition der Selbstversorgung nicht zu verletzen: Messer, Äxte und Sägen; Stoff, Holz, Gewehre und Munition; Streichhölzer, Tee, Kaffee und Zucker; ein ferner, wohldosierter Abglanz der industrialisierten Welt. Einmal pro Jahr bringt ein Schiff Nachschub.

In den nächsten Jahrzehnten entsteht um den Laden herum ein winziges Krankenhaus mit einem Arzt und einer Schwester, eine ›

◆ Die WELT der Eskimos wankt unter den Infusionen der Moderne ◆

legt sich zwischen die anderen auf das Lager aus Fellen und lauscht den Geschichten. Gut 200 Mythen, Legenden und Erzählungen kursieren unter den Polareskimos. Überlieferungen der Ahnen, die unterhalten und belehren sollen, die dem harten Alltag einen Sinn geben und der unbarmherzigen Natur vertraute, menschliche Züge verleihen.

Ein archaisches, ein friedliches Leben, so scheint es – doch unter der Oberfläche brodelt es. Durch den Kontakt mit Forschern und Abenteurern kennen die Polareskimos Eisenmesser und Fernrohre, Stahlfallen und Gewehre. Zwar sind sie vorsichtig und bedienen sich nur sehr bedacht der neuen Wunderdinge. Aber was sind schon Pfeil und Bogen gegen ein Gewehr, wenn man einen Eisbären zur Strecke bringen will? Was, wenn die Ahnen Unrecht haben und die Schamanen keine wirkliche Macht besitzen?

1902 reist die »Dänische Literarische Grönland-Expedition« zu den Polareskimos – und macht Station in Jakobshavn

STREITFALL THULE

1951 donnern Transportflugzeuge im Halbstundentakt über Thule hinweg, Schiffe bringen mehr als 300 000 Tonnen Fracht, Soldaten stampfen eine Retortenstadt aus der Tundra. Das beschauliche Handelskontor wird zur „Thule Air Base", einem Militärstützpunkt der USA; bis zu 15 000 Mann sind dort stationiert.
Rund 120 Polareskimos müssen 1953 innerhalb von vier Tagen nach Qaanaaq umziehen, einer Ersatzsiedlung gut 100 Kilometer weiter nördlich, mit deutlich schlechteren Fanggründen.
Am 21. Januar 1968 stürzt ein B-52-Bomber auf das Packeis vor der Küste, brennt aus und verliert vier Wasserstoffbomben – bis heute ist unklar, ob alle vier gefunden worden sind.
2003 verklagen die Vertriebenen die USA, fordern 31,5 Millionen Euro Schadensersatz und das Recht zur Rückkehr – und verlieren. Heute sind rund 800 Soldaten und Zivilisten in Thule stationiert, die Hunderte von Satelliten abfragen.
2004 stimmt die grönländische Selbstverwaltung zu, dass Thule ausgebaut wird, zu einem Teil des von den USA geplanten Raketenschutzschildes. Die Bevölkerung lehnt die Anlage weiterhin ab – man befürchtet, sie könnte zum Ziel eines Angriffs werden.

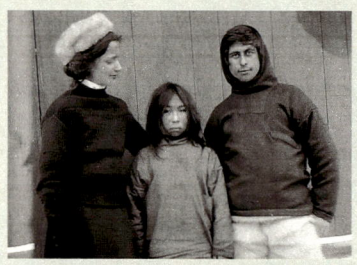
Oft nehmen Rasmussen und seine Frau Dagmar Eskimo-Waisen bei sich auf

Missionsstation und eine Schule. *Kununnguaq* nennen die Polareskimos Rasmussen, „unseren Knud". In Dänemark, wo er seit 1908 verheiratet ist, hält er sich kaum noch auf. Einige Forscher werden später behaupten, dass er sich in eine Eskimo-Frau verliebt und ein Kind mit ihr gezeugt habe. Rasmussen hat dies nie zugegeben. Ein nicht endenwollender Strom von Gästen besucht das Handelskontor. Der riesige Kessel, in dem das obligatorische Fleischmahl gekocht wird, erkaltet nur selten. Für Knud Rasmussen ist Thule ein ideales Sprungbrett. Im April 1917 bricht er mit einer Expedition an die Nordspitze Grönlands auf, bei „Prachtwetter", wie er gewohnt euphorisch in seinem Tagebuch notiert. Es wird seine verhängnisvollste Ausfahrt.

Sieben Männer, sechs Schlitten, 72 Hunde: Rasmussen weiß, dass die Expedition nur Erfolg haben kann, wenn sie sich den reduzierten Reisestil der Eskimos zum Vorbild nimmt. Zu oft sind in diesen Breiten Europäer und Amerikaner jämmerlich gescheitert, an zu viel Gepäck, an übertriebenem Aufwand, an Arroganz gegenüber den Widrigkeiten der Natur. Also begrenzt Rasmussen den Proviant auf ein Minimum. Leben müssen sie von dem, was sie auf dem Weg erbeuten.
Zunächst kommt die Gruppe gut voran. Bei Kap Benton entdeckt Rasmussen Siedlungsreste von Eskimos, deren Alter er auf fast 4000 Jahre schätzt. Doch dann beginnen die Schwierigkeiten. Schneestürme und Nebel machen die Jagd fast unmöglich. Bald sind die knappen Reserven verbraucht. Der Hunger kommt. Und mit ihm Übelkeit, Durchfall und Frust. Sogar die Hunde werden krank.
Der Expeditionsleiter scheint von all dem unbeeindruckt: Trotz größten Hungers ist Rasmussen 14 Stunden unterwegs, um einen Fjord zu vermessen. Die vielen Jahre in der Natur haben ihn abgehärtet. Es scheint, als ob er aus den größten Anstrengungen neue Kraft schöpft. Dabei hat er seit einem Kajakunfall im Jahre 1909 ein geschädigtes Rückgrat, sodass er sich nicht mehr richtig bücken und keinen Schlitten ziehen kann.
Ende Juni beginnt die Heimreise. Trotz aller Widrigkeiten hat die Expedition ein riesiges Areal an der Nordküste erkundet. Doch die milde Witterung hat den Schnee aufgeweicht und das Eis mit einem endlosen Netz aus Pfützen und Kanälen überzogen. Wochenlang müssen die Männer vor den Schlitten durch das kalte Wasser waten, nass bis zu den Hüften. Von den 72 Hunden leben bald nur noch 18. „Der Tod verfolgt uns von allen Seiten", schreibt Rasmussen in sein Tagebuch.

Der Tross kämpft sich wie in Zeitlupe voran. Oft legen die Männer nicht mehr als zehn Kilometer am Tag zurück. Die Anstrengungen sind unermesslich. Ende Juli kommt einer der Grönländer nicht zurück von der Jagd. Tagelang suchen ihn die anderen. Vergebens. Vollkommen entkräftet müssen sie schließlich aufgeben, um nicht alle Chancen auf eine Rückkehr zu verspielen. Trauer und Hoffnungslosigkeit packen Rasmussen. Trotzdem versucht er, die anderen aufzumuntern, kümmert sich um ihre zahllosen Leiden, um die Fleischwunden, Eiterbeulen und Verstauchungen, rationiert das wenige Essen. Die Kameradschaft, die sich unter den enormen Strapazen gebildet hat, spendet ihm Trost.
Kurz vor dem Ziel ein neuer Schock: Während Rasmussen vorauseilt, um den rettenden Hilfstrupp zu organisieren, stirbt der schwedische Botaniker Thorild Wulff an Erschöpfung. Rasmussen ist bestürzt. Hat er zu viel gewagt? Hat er die

Auf der fünften Thule-Expedition fotografiert Rasmussen diesen Schamanen

Beliebte Beute: der Narwal, dessen vitaminreiche Haut, roh gegessen, vor Skorbut schützt

Härte der Natur unterschätzt und seine Kameraden leichtfertig in Gefahr gebracht? Tiefe Zweifel überkommen den sonst so selbstsicheren Mann. Doch seine Achtung vor der Lebensweise der Eskimos ist höher denn je. Alles will er über sie erfahren. Bereits ein Jahr später bereitet er die nächste Expedition vor.

Insgesamt sieben große Forschungsreisen organisiert Rasmussen zwischen 1912 und 1933, die als „Thule-Expeditionen" in die Geschichte eingehen. Die meisten sind finanziert von den Erlösen des Handelskontors, von der Fuchsjagd der Polareskimos. Rasmussen achtet darauf, dass seine Mäzene stets zum Expeditionsteam gehören, dass die Polareskimos zu Erforschern ihrer eigenen Kultur werden. Spätestens die fünfte Reise, die ihn von Grönland aus durch den gesamten Norden Kanadas bis zur Beringstraße führt, macht ihn zum Gründungsvater der Eskimologie. Mehr als 20 000 Artefakte und zehn dicke Bände über die Völker der weit gespannten Inuit-Kultur bringt er 1924 nach dreijähriger Reise mit nach Kopenhagen. Die Universität der Hauptstadt verleiht ihm, der nie einen akademischen Abschluss erlangt hat, die Ehrendoktorwürde.

Als Rasmussen 1932, im Alter von 53 Jahren, auf die siebte Thule-Expedition in den Südosten Grönlands geht, ist er einer der bekanntesten Dänen seiner Generation; die Zeitgenossen verschlingen seine Reiseberichte. Bei Ammassalik dreht Rasmussen einen Spielfilm, in dem nur Eskimos mitspielen. Doch kurz nach Ende der Arbeit an „Palos Brautfahrt" erkrankt er an einer schweren Fleischvergiftung. Er ist zäh – doch dieses Mal erholt er sich nicht. Am 21. Dezember 1933 stirbt Knud Rasmussen in Kopenhagen. Ein Eskimo hält die Totenrede: „Als du von uns gingst", sagt er an Rasmussens Grab, „hast du deine Brüder, die Grönländer, dazu gebracht, Tränen zu vergießen."

Als kleiner Junge hatte Knud Rasmussen eine Geschichte gehört. Eine alte Grönländerin hatte sie ihm erzählt, sie hieß Mikro und war Wirtschafterin im Haus der Eltern. Von den Menschen im äußersten Norden erzählte sie, die sich in Tierfelle kleideten und rohes Fleisch aßen. Wer sie besuchen wolle, müsse dem Südwind folgen, so lange, bis er zum „Herrn des Nordwindes" komme, in das Land des ewigen Eises. Knud Rasmussen lauschte gebannt und beschloss, eines Tages loszuziehen und diese Menschen zu finden. Heute ist sein Name für immer mit ihnen verbunden. ∎

GEO-Autor **Jens-Rainer Berg**, 31, war überrascht, dass sich seine Großmutter, 95, an Rasmussen erinnerte – in ihrer Jugend war er ein Held.

◆ Rasmussen macht die Polareskimos zu Erforschern ihrer eigenen Kultur ◆

SCHLEICH-FAHRT DURCH DIE ARKTIS

Jahrzehntelang versteckten die Supermächte ihre Atom-U-Boote unter den Eisschollen am Nordpol. Auch der russische Kommandant Igor Kurdin patrouillierte, wo der Kalte Krieg am kältesten war

TEXT: STEFAN SCHOLL   FOTOS: SERGEY MAXIMISHIN

Igor Kurdin wusste es schon als Kind: Er wollte U-Boot-Kommandant werden, genau wie sein Vater. Der Junge durfte oft an Bord, wenn dessen Diesel-U-Boot im Militärhafen von Murmansk lag, am Rand der Barentssee. Die Scherze und das Lachen der Matrosen imponierten Kurdin, genau wie der Trockenfisch und die 25-Gramm-Schokotafeln, die sie ihm schenkten. Er stand auch am Kai, als die toten Seeleute eines gesunkenen U-Bootes an Land getragen wurden. Ihre Gesichter waren jung, sie waren wohlgenährt, das kalte Wasser hatte die Leichen in den tintenblauen Monturen konserviert. An seinen Plänen änderte das nichts. „Ich glaubte, mir könne das Meer nicht gefährlich werden."

Jetzt ist Igor Kirilljewitsch Kurdin 50 Jahre alt, ein pensionierter U-Boot-Kommandant und Vorsitzender des Klubs der U-Boot-Fahrer. Der residiert in einem gemütlichen Keller, im Hinterhof eines renovierungsbedürftigen Hauses in der Petersburger Altstadt. Die Ölgemälde und Schwarzweißfotos an den Wänden, die Bücher und Modelle in den Regalen — U-Boote, wohin man schaut. Als träumte Kurdin, der Vater von zwei Töchtern, noch immer seinen Kindertraum.

Der kleine Mann ist rundlich, aber nicht feist. Erste graue Haare versilbern seine dunkelblonden Schnurrbartspitzen, seine Stirn ist faltenfrei. Er wirkt wie ein honoriger Kaufmann. Wären da nicht seine Augen. Klug und flink sind sie, die Augen eines Seehundes, der ein Leben lang gejagt hat und gejagt wurde. 25 Jahre und einen Tag lang diente Kurdin als *Podwodnik*, als U-Boot-Mann in der Nordmeerflotte, erst der sowjetischen, dann der russischen Marine. Insgesamt 45 Monate verbrachte er unter Wasser, davon zwei Monate unter dem Eis des Nordpols. Dort, wo der Kalte Krieg am kältesten war.

Etwa 15 Millionen Quadratkilometer Eis bedecken die Arktis im Winter, im Sommer ist es halb so viel, darunter: minus zwei Grad kaltes, schwarzes Wasser. Einer der feindlichsten Orte dieser Erde. 1958 tauchte die amerikanische „Nautilus" unter dem Eis hindurch zum Nordpol, vier Jahre später tauchte dort die „K3" auf, das erste sowjetische Atom-U-Boot. Der Reaktor leckte, die Matrosen beseitigten verstrahltes Kühlwasser mit Eimern und Wischlappen. Aber das sei Geschichte, meint Kurdin. „In den U-Booten heute ist die Radioaktivität niedriger als in Sankt Petersburg", sagt er mit der trockenen Gelassenheit, mit der fast alle Podwodniki über ihren Dienst reden.

Die Reaktoren wurden leistungsfähiger, die Tauchzeiten länger, die Reichweite der Atomraketen nahm zu. Der Pol wurde Dreh- und Angelpunkt des Kalten Krieges. Die Tauchfahrt quer durch das Polarmeer war nicht nur die kürzeste Route, um an die Nordflanke des Gegners zu gelangen. Das Eis schirmte die U-Boote auch gegen Flugzeuge, Kriegsschiffe und Aufklärungssatelliten ab. Vom Pol aus konnte eine Interkontinentalrakete jedes Ziel nördlich des Äquators binnen 30 Minuten erreichen. Wer in der Arktis Hausherr ist, sagten die Admiräle, beherrscht die Welt.

Seit 1979 patrouillierten jedes Jahr etwa zwei Dutzend sowjetische U-Boote unter dem Eis des Nordmeers. 475 Tage dauerte der längste Tauchgang. Messerscharfe Stalaktiten, bis zu 25 Meter lang, hingen über den Booten wie die Zähne riesiger Sägen. Sie waren aus Schmelzwasser gefroren, das durch die Schollen gesickert war. Die Kommandanten fürchteten diese Zähne. Sie hätten die U-Boote aufgeschlitzt wie ein Schiff aus Papier.

Das Tauchen unter dem Eis war unwirklich wie ein Weltraumflug. 20 bis 25 Millimeter Stahl trennten die U-Boot-Leute vom tödlichen, eisigen Wasser. Doch der Gedanke an die Gefahr blieb abstrakt, merkwürdig irreal. Die Offiziere und Matrosen saßen vor ihren Armaturen, beobachteten Tiefen- oder Druckmesser, lauschten dem Summen der Ventilatoren und Aggregate und dachten nicht an das Schwarz dort draußen. Sie trugen dunkelblaue Dienstpyjamas aus grober Baumwolle. Kurdin lächelt: „Die Anzüge werden in derselben Fabrik geschneidert wie die Sträflingskleider für die russischen Haftanstalten."

Nur die Signale des Ultraschalls, die matten Lichter und Schatten auf den Bildschirmen der zwei Außenkameras zeigten das dornige Dach über dem Boot. Helle Flecken deuteten auf dünneres Eis. Wenn es nicht dicker als fünf Meter war, konnte man manövrieren. Konnte die 18 200 Tonnen Metall zum Stehen bringen und behutsam aufsteigen, nicht schneller als einen Meter ›

Igor Kurdin hat ein Leben lang gejagt und wurde gejagt. Hier steht er in einem Diesel-U-Boot des Petersburger Schifffahrtsmuseums

Igor Kurdin im Petersburger Klub der U-Boot-Fahrer. Heute organisiert er Treffen mit den einstigen Feinden

Stefan Scholl, 42, war Moskau-Korrespondent der „Woche" und lebt heute als freier Autor in Russland. Sein gerade erschienenes Buch „Aus dem macht ihr keinen Menschen mehr" beschreibt die Resozialisierung von deutschen „Crash-kids" in Sibirien.

in der Sekunde. Um das Eis zu durchbrechen, ohne die eigene Stahlhaut zu verletzen.

Kettensägen, Laserstrahlen und konventionelle Torpedos habe man getestet, erzählt Kurdin, um das Eis auch im Winter von unten knacken zu können. Sogar an Atomsprengungen habe man gedacht. Alle Mittel schienen recht, schließlich galt es, einen Krieg zu gewinnen.

Kurdin fuhr von 1975 bis 1990 auf einem Boot der Yankee-Klasse, das im offenen Meer 27 Knoten machte; unter dem Eis schlich es mit vier Knoten. Bei Havarien tauchen U-Boot-Fahrer möglichst schnell auf, um den Schaden an der Wasseroberfläche zu beheben, um Hilfe herbeizufunken, um schlimmstenfalls in Rettungsinseln umzusteigen. Aber unter dem Eis – bloß kein Leck, kein Brand, kein Blinddarmdurchbruch! „An Land habe ich jeden neuen Schiffsarzt zuerst zu den Chirurgen geschickt", sagt Kurdin, „damit er Erfahrung im Umgang mit dem Skalpell sammelte."

1990 übernahm Kurdin ein Boot der „Delta IV"-Klasse. Eine 167 Meter lange Stahlzigarre mit 135 Mann Besatzung, bewaffnet mit 16 Interkontinentalraketen. Hätte sich ein Atomkrieg angebahnt, wären sie mit diesem Unterwasserkreuzer nordwärts geschwommen, unter den stacheligen Schutz des Polareises. Dort hätten sie nach einer dünnen Stelle in der Eisdecke gesucht. Und auf den Befehl gewartet.

„Die 20 Minuten zwischen dem Feuerbefehl und dem Abschuss waren psychologisch am schwierigsten", sagt Kurdin. Vor dem Schuss musste der Kommandant das Befehlssignal überprüfen. Die Antwort des Oberkommandos hieß dann: Feuer frei. „Wir haben jede Meldung, jeden Handgriff trainiert bis zum Automatismus. Damit niemand anfing, über den Feuerbefehl nachzudenken." Der Abschuss selbst war ein Moment der Erleichterung, ja: des Sieges. „Wenn so eine 45 Tonnen-Rakete startet, geht ein Schlag durch das ganze Schiff, es vibriert und heult", sagt Kurdin. Die Matrosen haben Hurra geschrien.

Ein Manöver-Hurra. Die Gefechtsköpfe landeten nicht in Nordamerika oder Westeuropa, sondern in einem Sperrgebiet auf der Halbinsel Kamtschatka. Im Krieg hätte Kurdin nicht gewusst, auf welche Ziele, Häfen, Städte die Raketen programmiert waren. Aber er wusste, was sie angerichtet hätten. Im Krieg, so glaubt er, hätte keiner Hurra geschrien. „Ich habe später oft mit amerikanischen Kommandanten darüber gesprochen", sagt Kurdin. „Auch sie haben den gleichen Automatismus gedrillt. Auch von ihnen hätte keiner gezögert."

Der Atomkrieg fand nicht statt. Nicht zuletzt wegen der „Eisen", wie die Matrosen die Atom-U-Boote nennen, davon ist Kurdin überzeugt. „Die U-Boote garantierten den Vergeltungsschlag. Wir waren schwerer zu erwischen als alle Raketensilos und Langstreckenbomber."

Trotz aller Feindschaft: Unter dem Eis war es friedlicher als im Atlantik oder Pazifik. Dort spielten russische und amerikanische U-Boote Katz und Maus, dort schlug auch Kurdin täglich Haken, um wirkliche oder mögliche Verfolger abzuschütteln. 30 Zusammenstöße mit westlichen Booten verzeichnete die sowjetische Kriegsflotte, keiner davon fand im Nordmeer statt. „Hier war es nicht üblich, sich gegenseitig zu beschleichen", sagt Kurdin. „Unter dem Eis war jeder mit sich selbst beschäftigt." Kein einziges U-Boot sank hier. Das Wissen, das der kleinste Fehler tödlich war, schärfte die Wachsamkeit.

Hat er jemals Angst gehabt? 1994, bei einer Gefechtspatrouille im Eismeer, erzählt Kurdin, geriet das über 200 Meter lange Antennentau zwischen die Blätter der Schiffsschraube. Er ließ auftauchen, nahe bei einem Packeisfeld, dessen Geräuschkulisse ihm Schutz vor den hydroakustischen Spürsystemen der US-Satelliten bot. „Der Kalte Krieg war nicht vorbei. Unsere Raketen waren auf Nato-Gebiet gerichtet, die Raketen der Nato auf Russland."

Es stürmte, zur Reparatur musste die Antenne ins Boot gezogen werden, an die Luken hatte Kurdin Seemänner mit Äxten postiert, bereit, das Kabel zu kappen, falls ein feindliches Aufklärungsflugzeug auftauchte. Er selbst stand zwei Stunden allein im taumelnden Turm des Bootes und starrte auf den Himmel. „Jeden Augenblick hätten wir entdeckt werden können. Kein Mond, keine Sterne, der Himmel war schwarz, aber noch schwärzer waren die Wellen, riesige Berge, die auf uns zurollten. Und dabei war es unheimlich still." Nie, sagt Kurdin, habe er auf See mehr Angst gehabt als in dieser Nacht.

Heute ist Kurdin Pensionär. Sitzt im Klub-Keller, organisiert internationale U-Boot-Fahrer-Treffen und schlägt sich mit den Problemen des Festlandes herum. Vor zwei Wochen hat ein Kleinwagen seinen Ford auf einer Petersburger Kreuzung gerammt. Kurdin kam mit einer Gehirnerschütterung davon, aber sein Auto sieht schlimm aus. Jetzt streitet er sich mit der Versicherung. Er sagt: „In Russland ein Auto zu besteigen ist im Prinzip riskanter, als U-Boot zu fahren."

Jetzt im Handel

Mit Wohlfühlgarantie: schön entspannen auf dem Lande.

Bayern: Atempause im Bio-Hotel. **Baden-Württemberg:** Zwischen Weinbergen im Gasthof Traube. **Brandenburg:** Wellness im Golfhotel Semlin. **Niedersachsen:** Dinieren in der Residenz Hohenzollern. **Rheinland-Pfalz:** Träumen im Kaiserhof. Weitere Empfehlungen im neuen GEO SAISON.

www.geosaison.de

Schöner reisen mit GEO

DER DRITTE TAG DER

Skeiðarársandur
EISIGE ARTERIEN SPEISEN DAS MEER

In Adern und Kapillaren verästeln sich Gletscherbäche auf ihrem Weg zum Ozean. Eruptionen unter dem Eis sorgen für ständigen Überfluss an Tauwasser, mitgerissene Schlackekrümel häufen sich im Stromtal zu schwarzen Sandfeldern an. Durch sie treibt das Wasser immer neue Tentakeln, die sich nach ähnlichen Regeln ausfalten wie die Äste einer Baumkrone

SCHÖPFUNG

Island, das heißt Weltanfang, immer wieder. Auf drei Vierteln der Insel dominieren nicht Pflanzen und Tiere, sondern die Kräfte der rohen Erde: Feuer und Schlacke, Wasser und Eis. Aus der Luft betrachtet, nehmen ganze Landschaften organische Formen an und ähneln oft feinsten Zellstrukturen

FOTOS: BERNHARD EDMAIER

Síðujökull
JAHRESRINGE AUS ASCHE UND EIS

Mit schwarzer Tinte protokolliert die Zeit ihren Fluss in den gefrorenen Landschaften. Die Gravuren entstehen, wenn abwechselnd Schnee und Vulkanasche auf einen Gletscher rieseln: Immer wieder bedecken Eisschichten die dunklen Beläge, doch an manchen Stellen pressen Verwerfungen im träge fließenden Eis die Schlackespuren wieder nach oben

Mælifell
INSEL EINES KARGEN LEBENS

Nachdem das Eis ihn freigegeben hat, umhüllt Moos den erloschenen Vulkan unterhalb des Mýrdalsjökull-Gletschers. Anders als der Mælifell schlafen viele Berge auf Island einen unruhigen Schlaf. In den letzten 1100 Jahren gab es 250 Vulkanausbrüche, eine gewaltige Eruption im 18. Jahrhundert vernichtete gar ein Viertel der Bevölkerung

Skeiðarársandur
IM NIEMANDSLAND
DER ELEMENTE

Als letzte Demarkationslinie schützt eine schwarze Sandbank aus Vulkanasche die Gletschermilch des Vatnajökull vor den schäumenden Brechern des Atlantiks. Scharfe Windstöße peitschen das Schmelzwasser des Gletschers in spiralförmigen Wirbeln über das flache Schwemmland aus Schlacke, das sich 25 Kilometer weit zwischen dem Eisrand im Landesinneren und der Küste ausbreitet

Þjórsá-Fluss

MIKROSKOPISCHER BLICK AUS DEM HIMMEL

Wenn das ganz Große mit dem ganz Kleinen identisch wird: Der Þjórsá-Fluss, Islands zweitmächtigster Strom, schmiegt sich mit seinen Nebenästen und Seitenarmen um die Schmelzseen im frühsommerlichen Permafrostboden – ganz ähnlich, wie sich unter dem Elektronenmikroskop eine Membran um die Bestandteile ihrer Zelle gruppiert

NABELSCHNUR ZWISCHEN ERDE UND MEER

Wie ein Gefäßbüschel greift das Delta des Þjórsá-Flusses in den Ozean hinaus und verbindet das Land mit dem Meer. Gelöste Eisenverbindungen lassen den Strom rötlich leuchten. Die ungewohnte Farbe verzerrt jede Größenvorstellung und schafft einen magischen Bezug: Die Aufnahme könnte ebenso gut den stark vergrößerten Ausschnitt einer Plazenta zeigen

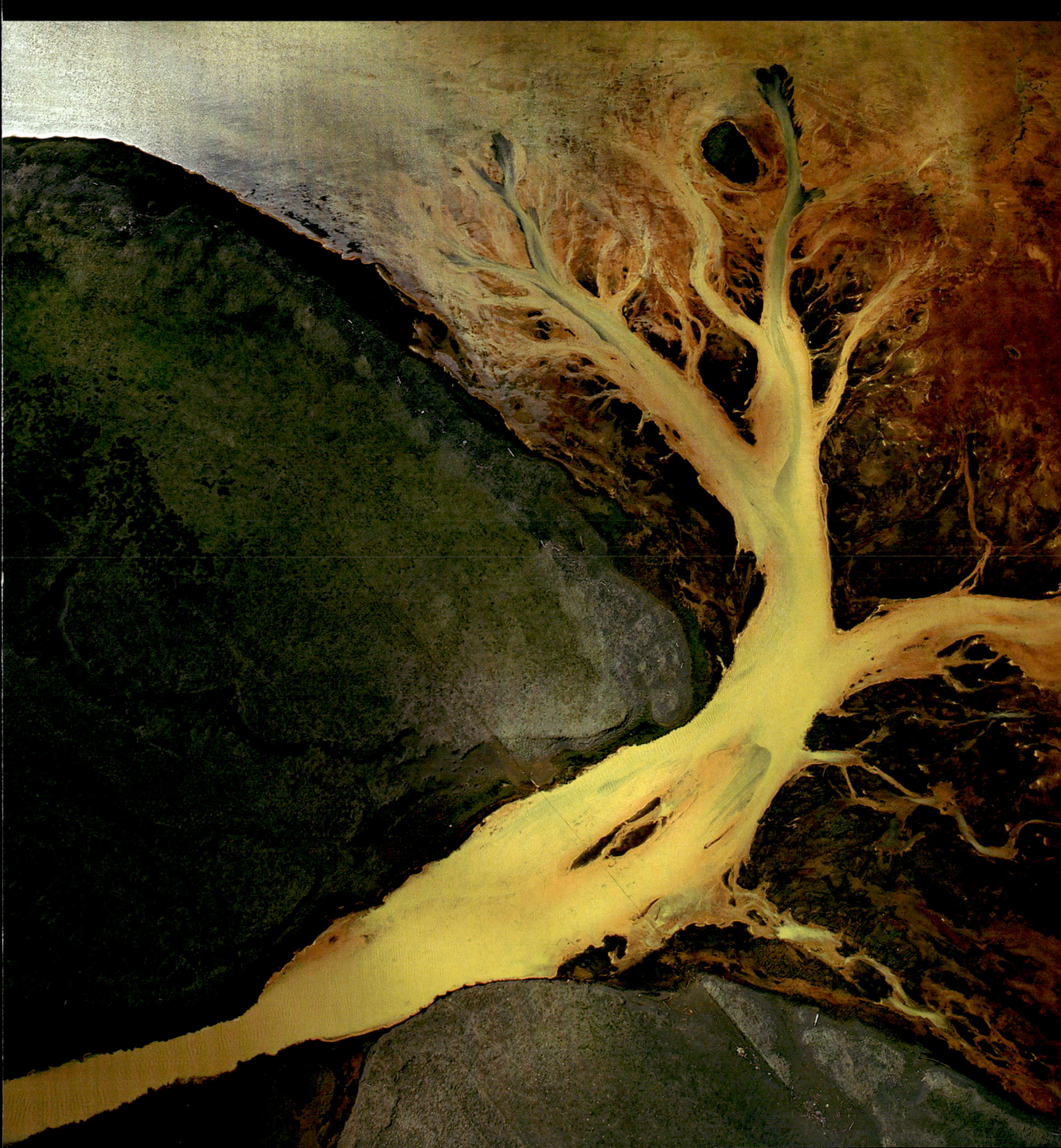

Fjallabak
WO EIS UND FEUER SICH BEKRIEGTEN

Kiesel um Kiesel füllt Wasser die Jökulgil-Schlucht mit den Trümmern einstiger Vulkane. Diese zerstörten sich während der letzten Eiszeit selbst: Ein dicker Gletscherpanzer umschloss wie ein Druckkochtopf entweichende Gase, heißer Wasserdampf zerfraß die Flanken der Krater und hinterließ dicke gelbe Krusten chemischer Verbindungen

Der Geologe und Fotograf **Bernhard Edmaier**, 47, ist besessen von der Schönheit der anorganischen Natur. Sein neues Buch „Earthsong" erschien 2004 im Phaidon-Verlag.

GRÖNLAND ROCKT

Lange galten Grönländer als Verlierer, zerrieben zwischen den Kulturen.
Doch die junge Generation schaut selbstbewusst nach vorn. Unter ihnen: Malik,
Sänger der Rockband *Chilly Friday*, und Carl Frederik, ein 19-jähriger Lehrer und Jäger.
Beide fiebern einem Samstag im August entgegen. Denn das wird ihr Tag sein

TEXT: ANNE ZIELKE   FOTOS: MARCUS HÖHN

Wie eine Skulptur von Henry Moore: ein angeschmolzener Eisklumpen an einem Strand bei Nuuk

Malik Kleist wartet. Seine Lider sind gerötet, er gähnt, in den letzten Wochen hat er viel geprobt und wenig geschlafen. Wo zum Teufel sind die anderen aus der Band? Er steht vor dem Übungsraum auf einem kleinen Felsen, lehnt sich an die Wand, die Sonnenstrahlen wärmen sein Gesicht.

Noch wenige Tage sind es bis zum Samstag, und es wird nicht irgendein Samstag, es wird Maliks Tag sein. Er wird vorn am Mikrofon auf der Bühne stehen, die Hitze der Scheinwerfer auf den Wangen spüren, und alle Blicke werden auf ihn, den Sänger, gerichtet sein. Chilly Friday wird als Hauptgruppe auftreten, nach einer dänischen Band. Eine Weile ist vergangen, seit Malik, 27, und seine Band Chilly Friday das letzte Mal in Nuuk gespielt haben.

Das letzte Gastspiel außerhalb der Stadt liegt noch länger zurück. Da waren sie in anderen Orten Grönlands auf Tour. Malik seufzt. „Ein Jahr hier in Nuuk – und es wird dir zu eng. Dann willst du nur noch weg." Er blinzelt in die Sonne. „Bis du Nuuk wieder vermisst."

Wenn nur das Wegkommen nicht so schwierig wäre. Manchmal wünscht sich Malik eine Straße, die irgendwohin führt, auf der man mit einem Tourbus entlangfahren könnte. Doch von Nuuk bis zu den Siedlungen Qaanaaq im Norden und Nanortaliq im Süden sind es 1600 beziehungsweise 560 Kilometer Luftlinie; zu tief öffnen sich die Fjorde, zu gewaltig schieben sich die Gletscher des Inlandeises Richtung Meer, als dass man eine Straße bauen könnte, für gerade mal 57 000 Grönländer.

Aus dem Übungsraum hört man erste Schläge auf dem Bass, Gemurmel, das Schlagzeug. Jemand lässt eine E-Gitarre aufheulen. Die anderen aus der Band sind eingetroffen und an Malik vorbei in den roten Container gegangen: Alex, der Schlagzeuger mit dem dunklen Zopf; Henrik, der Bassist, der zu Maliks Gesang manchmal eine stumme Karaoke-Show abzieht, Angunnguaq, an der Gitarre, der viel raucht und oft verquollene Augen hat. Malik raucht nicht. Er geht in den Übungsraum. An der Wand hängt ein Poster von Metallica. Alex gibt mit den Stöcken den Takt für das erste Lied vor, Malik schließt die Augen und fängt an zu singen.

Malik Kleist hat ein Gesicht, das sich schwer einordnen lässt. Wie viele Grönländer stammt er von Eskimos und von Europäern ab. Er hat hohe Wangenknochen, blonde Wimpern und helle Haut, weshalb ihn der Schlagzeuger manchmal „Glühbirne" nennt; seine Züge sind scharf geschnitten, die Nase ist knochig und gebogen. Er trägt Jeans, Turnschuhe und ein graues T-Shirt, darüber einen Kapuzenpulli. In Holland hat er ein Austauschjahr verbracht und sich in Dänemark zum Fernsehtechniker ausbilden lassen; seit ein paar Monaten arbeitet er beim grönländischen Fernsehsender KNR. Er mag den Job. Noch lieber wäre er allerdings Rockstar; wie gern würde er eines Tages mit Chilly Friday auf Tournee durch ganz Europa gehen.

Malik spricht Grönländisch genauso fließend wie Dänisch und Englisch, wie die meisten der Jüngeren. Er gehört zur ersten Generation von Grönländern, die sich ihrer Herkunft nicht schämen; einer Gruppe, die man die „Kinder von 1979" nennen könnte, benannt nach dem Jahr, in dem Grönland die teilweise Unabhängigkeit von ›

On the rock: Alex, Malik, Angunnguaq und Henrik (v. l.) sind Chilly Friday. In Grönland kennt die Gruppe jeder

Malik Kleist beim Kaffeekranz im elterlichen Wohnzimmer. Sein Vater leitet die grönländische Selbstverwaltung und redet am liebsten über Politik. Der Sohn findet das fad. Er lässt es lieber krachen und gibt beim Konzert in Nuuk mit der Gitarre den Rhythmus vor

Dänemark erkämpfte; es ist eine Generation, für die Grönland eine Heimat ist, ein Ausblick, eine Zukunft.

Wie anders ist es seinem Vater gegangen. 1977, im Geburtsjahr von Malik, gründete Kaj Kleist zusammen mit einigen Gleichgesinnten die erste grönländische Partei, die Siumut. Kaj Kleist hatte in Kopenhagen Theologie studiert, dort den Anti-Kolonialismus kennen gelernt und war dann nach Grönland zurückgekehrt. Das war unüblich: Wer konnte, blieb in Dänemark. Grönland galt als rückständiges, lethargisches, zwischen den Kulturen zerriebenes Land; ein Land voller Verlierer. Daran änderte auch die teilweise Autonomie zunächst nichts, die 1979 von Dänemark gewährt wurde. Grönland hieß jetzt Kalaallit Nunaat, Land der Menschen, war ein „selbst verwalteter Reichsteil" und durfte seine Innenpolitik selbst bestimmen.

„Den Jungen ist das, was wir erkämpft haben, einfach in den Schoß gefallen", sagt Vater Kleist nach dem Termin im Proberaum, im neu gebauten Haus mit Seeblick. Er klopft seinem Sohn auf die Schulter, der neben ihm auf dem Sofa sitzt. Malik ist die väterliche Geste unangenehm; er lässt sich tiefer in die Polster sinken. Er besucht seine Eltern ein, zwei Mal die Woche, wenn ihm seine winzige Wohnung auf die Nerven geht oder die Wäsche gewaschen werden muss. Die Eltern leben an der Steilküste. Das Wohnzimmer erreicht man über eine Wendeltreppe, vom Ledersofa blickt man direkt über den Fjord. Maliks Mutter hat einen Schokoladenkuchen und Getränke auf den Couchtisch gestellt, eine stille Frau mit dunklem Teint.

„Jetzt nutzen die jungen Leute ihre Freiheit. Sie wollen raus und die Welt sehen. Das ist gut", sagt Kaj Kleist. Er leitet die grönländische Selbstverwaltung und ist der höchste Beamte im Land; ein wohlhabender Mann und bekannter Politiker. Und dann erzählt er von seiner Generation, von den Älteren, die den Traum von der vollen Souveränität noch immer nicht aufgeben mögen. Doch Kaj Kleist ist Realist. „Was nützt uns die volle Unabhängigkeit, wenn wir daraus nichts machen können?", fragt er mit einer eleganten, kaum wahrnehmbaren Handbewegung. „Mit den Dänen kommen wir viel weiter." Grönland kann vom Export von Krabben und Fisch allein nicht leben, es hat nicht genügend Ingenieure und Ärzte, und wie ginge es weiter ohne die 400 Millionen Euro an Subventionen, die Kopenhagen jährlich überweist?

Einerseits sind die Grönländer dankbar für die Unterstützung; andererseits rührt die Abhängigkeit an alte Wunden. „Die Dänen meinten es immer gut mit uns. Zu gut!", sagt Kaj Kleist. „Man hörte immer: Ihr armen Grönländer. Wir helfen euch, wir zahlen euch alles. Unter einer Bedingung." Er lächelt. „Ihr müsst Dänisch lernen. Dänisch ist eure erste Sprache. Ein Angriff auf unsere Identität."

An der Sprache machte sich alles fest. Für Malik ist es selbstverständlich, dass alle offiziellen Dokumente zweisprachig sind. Doch früher wurden Ausweise, Zeugnisse und Bücher ausschließlich auf Dänisch gedruckt, obwohl nur eine Minderheit diese Sprache sprach. Bis heute reagieren viele Ältere empfindlich, wenn sie Dänen begegnen, die schon seit Jahren im Land leben und nicht mal ein paar Worte Grönländisch können. Malik zuckt mit den Schultern. „Ich interessiere mich nur für Musik", sagt er und schaut kurz zu seinem Vater. „Von Politik haben hier zu Hause ja immer alle geredet. Ich kann das nicht mehr hören."

Für seine Generation geht es nicht mehr darum, sich gegen die Dänen abzugrenzen; für sie ist die grönländische Identität etwas ganz Natürliches. Es gibt viele Beispiele für das neue Selbstbewusstsein: 2002 gewann die Grönländerin Julie Berthelsen den „Popstars"-Wettbewerb im dänischen Fernsehen; eine Künstlergruppe pinselte Eisberge rot an und verpasste einer „Kolonie Dänemark" grönländische Namen. Mit „Eskimo Weekend" gibt es den ersten grönländischen Film, Malik spielt darin die Hauptrolle. Müsste es nicht „Inuit" statt „Eskimo" heißen? „Mal davon abgesehen, dass der Begriff im Film ironisch gemeint ist – das Wort Eskimo beleidigt mich gar nicht", sagt Malik. „Es sind eher Leute aus Alaska und Kanada, die damit ein Problem haben."

Im Container brennt noch Licht – Chilly Friday probt bis spät in die Nacht

Jahrelang litten viele Grönländer unter Minderwertigkeitskomplexen, unter Selbsthass und Hoffnungslosigkeit angesichts einer Vergangenheit, die zum Greifen nah schien und doch keinen Halt bot; angesichts einer Zukunft, die anscheinend nur um den Preis der völligen Selbstaufgabe zu haben war. Viele begannen zu trinken, die Zahl der Selbstmorde schnellte in die Höhe. Bis heute nehmen sich dreimal mehr Menschen in Grönland das Leben als im europäischen Durchschnitt. Es sind vor allem junge Männer.

Von Chilly Friday ist 2001 eine CD erschienen; einige Lieder darauf sind auf Grönländisch, andere auf Englisch. Das neunte Stück ist schön und traurig, es ist das Lieblingslied von Maliks Mutter. Malik singt es auf Grönländisch, mit dunklen Kehllauten und hellen Zungenschlägen ganz vorn am Gaumen. Es heißt „Sialuit", Regen. Unter dem Liedtext steht im Beiheft zur CD ein Name, daneben ein Geburts- und ein Todesdatum. Der Name lautet Jens Otto Sørensen.

Dieser Jens Otto Sørensen wurde nicht sehr alt.

Nuuk ist eine friedliche, unaufgeregte Stadt mit 15 000 Einwohnern. Keiner hupt, keiner geht an der Fußgängerampel bei Rot über die Straße. Wenn die Menschen lächeln, dann strahlen sie gleich über das ganze Gesicht. Die kleinen, kompakten Häuser sehen aus, als habe jemand sie aus einem Würfelbecher rollen lassen; scheinbar willkürlich sind sie auf dem felsigen Boden verstreut. Umso mehr fallen die riesigen Wohnblöcke auf. Der dänische Sozialstaat brachte in ihnen all jene Menschen unter, die in den 1950er Jahren zwangsumgesiedelt wurden. Alle Grönländer, auch jene aus den winzigen Dörfern, sollten damals Zugang zu Krankenhäusern und Schulen haben, darum wurden sie in die größeren Städte verfrachtet. Innerhalb weniger Jahrzehnte verdoppelte sich die Lebenserwartung auf Grönland – doch die traditionelle Lebensweise ging für immer verloren.

Es ist Donnerstag. Durch den Supermarkt schlendert ein junger Mann. Carl Frederik Brandt Simonÿ kauft Proviant für das Wochenende, packt Kekse, Fertigsuppen und eingeschweißte Würstchen in den Einkaufswagen. Später will er noch Munition besorgen. Carl Frederik lächelt. Wie sehr er sich auf Samstag freut.

Der dänische Sozialstaat beglückte die Grönländer mit Plattenbauten. Die alte Fischfabrik im Hafen wird nur noch zum Sonnenbaden genutzt

Denn das wird nicht irgendein Tag sein, das wird Carl Frederiks Tag sein. Am Samstag wird er Rentiere jagen.

Carl Frederik muss am Wochenende nicht arbeiten; weder im Kulturzentrum Katuaq, wo er abends Kinokarten verkauft, noch in der Grundschule am Prinsessevej, wo er als Aushilfslehrer für Grönländisch und Erdkunde arbeitet. Er ist 19, sieht aber älter aus und hat große Pläne. Er will sich in Dänemark zum Skilehrer ausbilden lassen und mit dem Geld, das er dann verdient, sein Medizinstudium finanzieren.

Er ist groß und gut aussehend, er hat einen dunklen Teint und wirkt auf eine schwer bestimmbare Weise südländisch. Als Carl Frederik in den Ferien in Griechenland war, hat keiner der Griechen erraten, woher er stammt. Wenn er dann sagte: Grönland, wunderten sie sich. Dass da überhaupt jemand wohne. Dass es da Grün gebe und wilde Berge mit azurblauen Seen. „Die dachten, bei uns gibt es nur Eis", sagt Carl Frederik.

Es gibt einiges, was man sich außerhalb Grönlands nur schwer vorstellen kann. Dazu gehören auch die gewaltigen Dimensionen des Landes: Von Nuuk aus sind es zwei Wochen Fußmarsch bis zur nächsten Ortschaft. Jedes Maß verschwindet inmitten der Berge, denn es gibt keinen Baum und keinen Strauch, der als Anhaltspunkt dienen könnte; ein eisiger Hauch streift manchmal durch die Täler und erinnert daran, dass dieses Land von einem riesigen Gletscherpanzer beherrscht wird.

Die Saison für Rentiere hat gerade begonnen. Wer 50 Kronen zahlt, rund sieben Euro, bekommt eine Erlaubnis zum Abschuss. Die Jagd, das ist der nationale Mythos, das große Thema der Traditionalisten. An Jagdzeitbeschränkungen für Seevögel sind schon Regierungskoalitionen zerbrochen. Aber kaum jemand jagt noch in Eisbärenfellhose vom Kajak aus oder fährt im Winter mit dem Hundeschlitten hinaus an die Atemlöcher der Robben im Eis. Die Zahl der Berufsjäger sinkt; zuletzt waren es gerade einmal 2800, obwohl die Regierung sie mit Subventionen unterstützt.

Dafür hat sich die Zahl der Freizeitjäger in den letzten zehn Jahren verdoppelt; inzwischen sind es fast 10 000. Als der Däne Kjeld Hansen in einem Buch anprangerte, dass die Grönländer die einheimische Fauna durch unkontrollierte Abschüsse gefährden, zuckte ganz Grönland zusammen. Zum einen, weil es ein Däne war, der wieder alles besser wusste. Zum anderen, weil er Recht hatte: Die modernen Grönländer, mit ihren schnellen Booten und ihren weit reichenden Gewehren, haben kaum etwas gemein mit dem alten Jägervolk, das mit seinen Harpunen die Tierbestände nicht gefährden konnte.

Am Freitagnachmittag schlendert Carl Frederik hinunter zum Yachthafen. Minik, sein bester Freund, mit dem er schon zur Schule gegangen ist, wartet dort, zusammen mit Miniks Eltern. Zu viert wollen sie hinausfahren. Überall sieht man Familien, die Proviant und Waffen zu ihren Booten schleppen. Carl Frederik löst die Leinen.

Immer tiefer rast das Boot in den Fjord. Am Anfang sind die Wellen hoch, der Rumpf schlägt hart aufs Wasser und lässt die Gischt sprühen; dann wird das Meer stiller. An manchen Stellen liegen die Ufer sieben Kilometer auseinander, nichts erinnert mehr daran, dass sich jemals Menschen in dieses lebensfeindliche Land gewagt haben. Das Wasser ist klar und blau, aus einem Seitenarm des Fjordes schwimmen Eisberge heran, von einem fernen Gletscher abgebrochen. Manche sind grazile Gebilde mit rund geschmolzenen, glatt schimmernden Auswölbungen, andere zackig, sperrig und grünlich. ›

Sie trinken viel, sie trinken schnell – Jugendliche aus Nuuk beim Konzert von Chilly Friday. Wie weit ihre Liebe zur Rockmusik geht, zeigt das Tattoo »DDR« – Disco Democratic Republic ist der Name einer anderen Band

Heimatkunde: Carl Frederik Brandt Simonÿ erklärt seinen Schülern im Erdkundeunterricht, wie es in Grönland zugeht. Und mustert, zusammen mit seinem Freund Minik (u. li.), die kahlen Hänge des Fjordes Nuup Kangerlua. Einmal hat Carl Frederik hier ein Rentier geschossen. Doch dieses Jahr verstecken sich die Herden

Im letzten Licht ankern die Jäger in einer kleinen Bucht und bauen ein Zelt auf, in der Nähe eines Baches. Die Jungen brechen Äste von kleinen, zähen Gehölzen am Boden, Miniks Mutter macht ein Feuer und brät die Würste, dazu gibt es etwas Knoblauchbaguette und Cola. Sie unterhalten sich darüber, wie im letzten Jahr drei Tiere auftauchten, gleich unten beim Bach. Carl Frederik erlegte eines davon, ein elektrisierender Moment. Fast mechanisches Entsichern und Zielen, im Augenblick des Schusses totale Konzentration, danach ein plötzliches Zusammenfallen der Körperspannung und Rauschen in den Ohren, Adrenalin, Herzpochen, die langsam weichende Taubheit nach dem Knall. „Rentierbraten braucht man immer", sagt Carl Frederik, „für Weihnachten, für Konfirmationen."

Nachts kann er nicht schlafen. Er ist angespannt, er achtet auf jedes Geräusch draußen vor dem Zelt. Immer wieder blickt er auf die Uhr. Bis es endlich Morgen wird.

Um sechs Uhr brechen Minik und Carl Frederik auf. Stundenlang steigen sie bergan, verstecken sich hinter Geröll, um durch das Zielfernrohr die weiten Täler zu mustern. Kaum haben sie einen Berg überwunden, öffnet sich das nächste Tal. Kein Rentier zeigt sich. Im Windschatten wird es so warm, dass man im T-Shirt dasitzen könnte, gäbe es nicht gewaltige Mückenschwärme, die im kurzen arktischen Sommer massenweise auftreten.

Auf einmal legt Carl Frederik die Hand auf Miniks Arm. Er hat einen Schuss gehört, weit weg; die Richtung ist schwer zu bestimmen; dann ein zweiter und dritter, ein vierter und fünfter Schuss. In der Ferne, an der Flanke eines Hügels, bewegt sich ein dunkler Punkt, dann liegt er still. Schließlich entdeckt Carl Frederik durch das Fernrohr zwei Menschen. Zwei Jäger, die mehr Glück hatten als er.

Auch Jens Otto Sørensen hat gern gejagt.

Malik Kleist streicht sich durchs Haar, es ist Samstagabend, endlich; er schiebt sich schwedischen Kautabak unter die Oberlippe. Er hat dann einen komischen Gesichtsausdruck, auch seine Stimme verändert sich, sie klingt gepresst, verstellt. Aber auf Kautabak hat er jetzt Lust, so kurz vor dem Auftritt.

Die Nachricht kommt zehn Minuten vor Beginn des Konzerts. Niemand weiß genau, was los ist, was in die Jungs von der dänischen Band gefahren ist. Plötzlich weigern sie sich, als Erste auf die Bühne zu gehen; keine Diskussion; entweder sind sie die Hauptgruppe, oder sie spielen gar nicht. Der Veranstalter überbringt die Nachricht. Chilly Friday soll als Vorgruppe auftreten.

Malik überlegt nicht lange. Er zuckt mit den Schultern, er will keinen Skandal. Er geht auf die Bühne, die anderen folgen ihm, obwohl der Saal erst zur Hälfte gefüllt ist. Malik spuckt den Kautabak auf den Boden. Er greift mit beiden Händen das Mikrofon und schließt die Augen. Ein paar Ältere im Publikum regen sich über die Arroganz der dänischen Musiker auf; die Dänen, die Dänen; aber dann gibt Alex den Takt für das erste Lied vor, und Gitarre, Schlagzeug und Bass übertönen die Stimmen der Zuhörer.

Die Musik trägt Maliks wehmütige Stimme, die sich manchmal überschlägt, manchmal voller Kraft die Instrumente zurückdrängt. Und auf einmal springt ein Funke über. Leute drängen nach vorn und tanzen, obwohl die Halle noch halb leer ist, sie werfen die Arme in die Luft und singen jedes Lied mit. Es ist eine Weile her, seit Chilly Friday zum letzten Mal in Nuuk aufgetreten ist, aber noch immer ist es die beliebteste Rockband der Insel. Die jungen Männer und Frauen strecken ihre Arme aus nach der Bühne und jubeln, als stünde da vorn Pearl Jam oder U2. Malik springt über die Bühne, gepackt wie von Geistern.

Später sitzt er an der Bar. Das Konzert ist vorüber, auch die Dänen haben gespielt, freundlicher Applaus. Der Raum ist verraucht und voller junger Leute, sie feiern und lachen und stoßen ihre Wodkagläser aneinander. Es hat zu regnen begonnen, die Tropfen trommeln auf das Dach. Malik hat gute Laune, es war ein gelungenes Konzert, trotz allem. Alex, der keinen Alkohol anrührt, ist nach Hause gegangen, die anderen aus der Band stehen herum und lachen und trinken mit ihren Freunden.

Und dann erzählt Malik von Jens Otto Sørensen. Dem Mann, dem er „Sialuit" gewidmet hat, „Regen", sein schönstes und traurigstes Lied. Er war Maliks Onkel. Sein Tod habe ihn immer begleitet. „Dieser Selbstmord hat mich nie losgelassen. Weil mir alle immer gesagt haben, dass ich Jens so ähnlich bin. Das hat mir große Angst gemacht."

Malik streicht sich durch die Haare. Ein Freund kommt und drückt ihm ein Glas Wodka in die Hand. Malik lacht, hebt es, sagt: „Skål." Dann steht er auf und schiebt sich durchs Gedränge, seine Freundin im Arm. Manchmal schlägt ihm jemand auf die Schulter und sagt: Gut, dass du dich von den Dänen nicht hast provozieren lassen. ∎

Überirdisch, diese Aussicht: Vom neuen Friedhof Nuuks blickt man weit hinaus in den Fjord Nuup Kangerlua

Anne Zielke, 32, blieb cool, als es auf die Rentierjagd ging – schließlich hat sie selbst einen Jagdschein. Fotograf **Marcus Höhn**, 37, hingegen hatte gemischte Gefühle auf der Pirsch: Der Berliner isst lieber vegetarisch.

Das große Schmelzen

Neue Studien prognostizieren einen dramatischen Klimawandel:
In 100 Jahren könnte der Nordpol im Sommer fast vollständig eisfrei sein.
Was bedeutet die Erwärmung für Menschen und Tiere in der Arktis?

TEXT: OLAF TARMAS

„Riss im Eis! Alle Mann zurück an Bord!" Die Biologen hatten gerade ihre Geräte auf einer Eisscholle ausgepackt, als der Warnruf von der Brücke der „Polarstern" kam. Im Eiltempo packten die Wissenschaftler des Kieler Instituts für Polarökologie ihre Ausrüstung wieder zusammen und flohen von der tauenden Scholle aufs Schiff.

Nichts schien mehr sicher im Wärme-Rekordjahr 2002. Die Eisgruppenleiterin Iris Werner, seit 1994 regelmäßig zwischen Grönland und Spitzbergen unterwegs, hatte noch nie zuvor so „desolate, matschige und dünne Eisschollen" gesehen – wenn sie überhaupt welche sichtete. „Normalerweise stoßen wir im Sommer bei 75 bis 78 Grad nördlicher Breite auf Eis, in jenem Jahr mussten wir rauf bis zum 82. Breitengrad. Sieben Wochen lang sind wir durchs Nordmeer geschippert und haben nur fünfmal Station auf einer Scholle machen können."

Nur ein subjektiver Eindruck? Wohl kaum. Im November 2004 legten über 300 Wissenschaftler, die sich in einer Kommission namens ACIA zusammengeschlossen hatten, eine umfassende Studie vor über die „Auswirkungen der Arktiserwärmung". (Der Bericht ist im Internet unter www.amap.no/acia/index.html abrufbar.) Die Forscher stellten fest: Die Nordpolarregion heizt sich weitaus rascher auf als bisher angenommen – nahezu doppelt so schnell wie der Rest des Planeten. Dramatische Eisrückgänge wie jene im Sommer 2002 seien daher kein Zufall. Ging in den letzten 30 Jahren das Sommereis bereits um eine Fläche zurück, die größer als Norwegen, Schweden und Dänemark ist, so prognostizierten die Wissenschaftler nun ein nahezu vollständiges sommerliches Auftauen des polaren Meereises bis zum Jahr 2100.

Die Ursache für das große Schmelzen ist bekannt: der durch menschliche Aktivitäten verstärkte Treibhauseffekt. Die Atmosphärenschicht, die sich durch die Anreicherung mit Kohlendioxid aufheizt, ist über der Arktis sehr flach, wes-›

Eisbären brauchen Eis – nun schmilzt den weißen Jägern ihr Lebensraum unter den Tatzen weg

Risse im Eispanzer: Die Abschmelzzone auf Grönland nimmt seit 1979 jedes Jahr durchschnittlich um 16 Prozent zu – auf dem Inlandeis bilden sich dort im Sommer matschige Tümpel

halb die Temperatur dort schneller als im Süden steigt. Offenbar erwärmt sich die Arktis natürlicherweise in Zehn-Jahres-Rhythmen und kühlt danach wieder ab; der Grund für den extrem raschen Temperaturanstieg, so die Kommission, sei aber eindeutig in der gewaltigen Menge von Kohlendioxid zu suchen, die überall auf der Welt bei der Verbrennung von fossilen Rohstoffen und Holz in die Luft geblasen werde.

Schmilzt das Eis, beginnt eine verhängnisvolle Rückkopplung: Die Sonneneinstrahlung über dem Polarmeer wird nicht mehr zu 90 Prozent von einer weißen Schneefläche reflektiert, sondern von einer dunklen Wasserfläche zu 90 Prozent geschluckt – mit der Folge, dass sich die Erwärmung weiter beschleunigt.

Der so genannte „Albedo-Effekt" ist der wichtigste von Hunderten von Faktoren, die bei der Klimaveränderung eine Rolle spielen; diese vielen Einflüsse sind es, die genaue Prognosen so immens schwierig machen. „Dass das Klima der letzten 10 000 Jahre so stabil war", erklärt Peter Lemke vom Alfred-Wegener-Institut für Polar- und Meeresforschung in Bremerhaven, „liegt auch daran, dass sich die vielen Rückkopplungseffekte normalerweise gegenseitig ausgleichen."

Auch die jetzt festgestellte Erwärmung der Arktis könnte sich mittelfristig selbst abschwächen, falls die so genannte thermohaline Zirkulation des Nordatlantiks beeinträchtigt wird. Anders gesagt: Falls es zu einer Störung des Golfstroms kommt, auch Nordatlantikstrom genannt. Wie eine gigantische Umwälzpumpe befördert er warmes Wasser an der Oberfläche nach Norden und beschert Europa so ein mildes Klima. In Gang gehalten wird die Pumpe dadurch, dass im Nordatlantik warmes, relativ salzhaltiges Wasser aus dem Süden herantransportiert wird, und westlich und östlich von Grönland so weit abgekühlt wird, dass es in tiefe Schichten absinkt. Schmelzen die Süßwasser-Gletscher und das salzarme Meereis, verringert sich der Salzgehalt im Nordatlantik, was die Umwälzpumpe lahm legen könnte. Die mögliche Folge: Der Nordatlantikstrom, der heute bis hinauf nach Spitzbergen für eisfreie Küsten sorgt, erreicht den hohen Norden nicht mehr. Es wird also wieder kälter. „Genauer gesagt: Es wird weniger schnell warm", erläutert Lemke die paradox anmutende Wechselwirkung.

Wie der Nordatlantikstrom tatsächlich reagieren wird, weiß indes niemand. „Eines ist sicher: So dramatisch wie in dem Hollywood-Film ‚The Day After Tomorrow' wird es nicht werden", versichert Lemke. „In den nächsten Jahrhunderten steht uns keine neue Eiszeit bevor, sondern eher eine Warmzeit."

Der Wasserspiegel des Atlantiks wird sich durch das Abschmelzen des Meereises übrigens nicht erhöhen: „Es ist noch kein Glas Wasser übergelaufen, weil der Eiswürfel darin geschmolzen ist", erklärt Professor Lemke das Prinzip, nach dem Wasser in flüssigem und gefrorenem Zustand die gleiche Menge umgebender Flüssigkeit verdrängt. Das Abschmelzen der Gletscher ist es, das den Meeresspiegel steigen lassen wird. Sorge bereitet den Wissenschaftlern vor allem der Eispanzer, der fast ganz Grönland bedeckt. Während das Meereis im Durchschnitt nur zweieinhalb Meter dick ist, türmen sich auf Grönland bis zu drei Kilometer mächtige Eismassen.

Die Gebiete, in denen das Eis an der Oberfläche abschmilzt, haben sich in den letzten Jahrzehnten stetig ausgeweitet, ebenfalls mit einem Höhepunkt im Rekordjahr 2002. Selbst die äußerst moderaten Klimamodelle, die dem ACIA-Report zugrunde liegen, gehen von einer Erwärmung Grönlands um drei Grad Celsius noch in diesem Jahrhundert aus. Damit wäre eine kritische Schwelle überschritten, die das langfristige Abschmelzen des gesamten Eisschildes einleiten würde. Weltweit stiege der Meerwasserpegel in diesem Fall nicht in der Größenordnung von einigen Zentimetern, sondern um satte sieben Meter – eine bedrohliche Prognose, auch wenn der Prozess sicherlich mehrere Jahrhunderte dauern würde.

Doch auch hier gilt: Jeder Trend hat seinen Gegentrend, und es ist unklar, welcher sich letzten Endes durchsetzen wird. Für Grönland bedeutet dies: Das Inlandeis schmilzt an den Rändern, im hoch gelegenen Kernbereich aber wächst es – denn wärmere Luft bedeutet mehr Verdunstung, mehr Niederschlag, in diesem Fall: mehr Schnee, der wiederum die Gletscher anwachsen lässt.

Dass sich die Entwicklung des Klimas so schwer berechnen lässt, liegt nicht allein an der Vielzahl von unberechenbaren Rückkopplungen, sondern auch daran, dass sich Wissenschaftler über prinzipielle Klima-Mechanismen nicht einig sind. „Beispielsweise können wir bis heute nicht mit Gewissheit sagen, wie der Nordatlantikstrom auf die Klimaveränderung reagieren wird", erklärt Jochem Marotzke vom Hamburger Max-Planck-Institut für Meteorologie. Eine Möglichkeit ist: Die Umwälzpumpe wird je nach Grad der Klimaerwärmung langsamer und reicht weniger weit nach Norden. Komplexe Systeme funktionieren aber häufig „nicht-linear": Bis zu einer gewissen Schwelle halten sie sich selbst im Gleichgewicht, jenseits davon brechen sie dann vollkommen zusammen und stabilisieren sich auf einem anderen Niveau.

Für beide Reaktionsmöglichkeiten gibt es Anhaltspunkte. Aus Eisbohrkernen, die Forscher 2003 aus dem 3000 Meter dicken Eispanzer in Zentralgrönland ans Tageslicht holten, lasen Glaziologen ab, dass vor der letzten Eiszeit eine Warmzeit mit weitaus höheren Temperaturen als heute dem Golfstrom nichts anhaben konnte. In denselben Proben gibt es allerdings auch Hinweise auf plötzliche Temperaturstürze, die sich nur durch das Aussetzen des Golfstroms erklären lassen. Die Mehrzahl der Klimaforscher, einschließlich Professor Marotzke, hält ein graduelles Schwanken des Golfstroms für wahrscheinlich.

Die Menschen und Tiere in der Arktis, das ist schon jetzt abzusehen, werden zu den großen Verlierern des Klimawandels gehören. Den Eisbären zum Beispiel schmilzt ihr Lebensraum buchstäblich unter den Tatzen weg. Ohne die Möglichkeit, an Eislöchern zu jagen, vor allem Ringelrobben, sind die Könige der Arktis zum Aussterben verurteilt. Und auch den Ringelrobben wird es nicht viel besser ergehen, da sie ausschließlich auf Eisschollen leben; die Walrosse sehen ohne ihr Lieblingstransportmittel einer ebenso düsteren Zukunft entgegen.

Mit der traditionellen, jagenden Lebensweise der grönländischen Inuit wird es dann gleichfalls vorbei sein. Doch Menschen können sich immerhin anpassen und sich beispielsweise der Fischerei zuwenden, einem der wenigen Bereiche, die möglicherweise von der Klimaveränderung profitieren werden. Mit zunehmender Erwärmung der Gewässer vor Grönland, Island und Spitzbergen könnten sich die Fanggründe vergrößern, in denen kälteempfindliche Fischarten wie Kabeljau und Hering vorkommen.

Ebenfalls profitieren könnte die Frachtschifffahrt, führt die ACIA-Studie aus. Sowohl die Nordwestpassage zwischen Atlantik und Pazifik als auch die Nordostpassage entlang der sibirischen Küste könnten um das Jahr 2080 an bis zu 100 Tagen im Jahr befahren werden. Das würde den Seeweg von Europa nach Ostasien um ein Drittel verkürzen, ihn aber auch um einiges gefährlicher machen. Die Gewässer werden voller Eisberge sein, die von Gletschern abgebrochen sind. 1989 kippte der Tanker „Exxon Valdez" 42 Millionen Liter Rohöl an die Küste von Alaska, als er einem Eisberg auszuweichen versuchte und auf Grund lief. Ein Desaster, von dem sich die empfindliche Region bis heute nicht erholt hat.

Langfristig steht der Erde also eine Warmzeit bevor – wie radikal sich die Vegetation dann auf Grönland ändern könnte, zeigte den Glaziologen vom Alfred-Wegener-Institut im Sommer 2004 ein Überraschungsfund: Im letzten Kern ihres 3000 Meter tiefen Eisbohrlochs, direkt von oberhalb des felsigen Grundes der Insel, entdeckten sie einen pflanzlichen Überrest aus einer vergangenen, nahezu mediterranen Klimaperiode – eine perfekt konservierte Piniennadel. Zwei Millionen Jahre alt war die Botschaft aus dem Eis. Sie lautete: Einmal gab es eine Zeit, in der Grönland von dichten Wäldern bedeckt war. ∎

Fast wäre GEO-Autor **Olaf Tarmas**, 36, mit an Bord der Polarstern gewesen, als sie im Wärme-Rekordjahr 2002 unterwegs war. Er fuhr dann aber doch nach Polen und genoss das schöne Wetter – während die Wissenschaftler vergeblich nach Eisschollen fahndeten.

Heute bleibt die Küche kalt

Am Nordmeer braucht es einen starken Magen: Isländer essen vergammelten Eishai, Grönländer verfaulte Robbenflossen. Roh! Der deutsche Starkoch Vincent Klink testete die traditionellen Speisen am Polarkreis – und hatte am Ende einen seltsamen Duft an den Händen

TEXT: VINCENT KLINK   FOTOS: SIBYLLE BERGEMANN

Sondermüll? Nein: Delikatesse – Vincent Klink und der Isländer Hildibrandur Bjarnason zersäbeln einen Eishai

Einfach den Kopf hängen lassen: Grönländischer Kabeljau wird an der frischen Luft getrocknet, die simpelste Methode, um Fisch zu konservieren

Früher wurde in Grönland kaum gekocht oder gebraten, es mangelte an Brennholz. Die Zeiten ändern sich: Heute hat, wer es sich leisten kann, eine Einbauküche. Oben: Stillleben aus getrockneter Robbe, Ammassat-Fischchen und Narwal

Zwischen Island und Grönland wird der Eishai gefangen. Eigentlich ist er giftig, aber die Isländer haben es geschafft, ihn genießbar zu machen. Genießbar? Nun ja. Die ganze Gegend rund um Bjarnarhöfn stinkt heftig nach altem Pissoir. Mein Appetit nimmt schlagartig ab.

Ich bin ein geübter Esser, mich haut so schnell nichts um. Aber die traditionelle Küche Islands und Grönlands hat einen ziemlich schlechten Ruf. Verfaultes kommt hier auf den Tisch, heißt es, Verrottetes, Vergorenes; Dinge, die andernorts schnurstracks in die Biotonne wandern würden. Ich bin eigens angereist, um all das zu probieren. Die einfachen Gerichte, die althergebrachten Speisen, die viel erzählen von der Kultur dieser Länder. Lernt man Menschen nicht am besten kennen, wenn man mit ihnen kocht und isst?

Duðjon Hildibrandson hat einen gut zwei Zentner schweren Hai an der Hydraulik-Gabel seines Traktors hochgezogen und legt ihn auf langen Brettern ab. Zusammen mit seinem Vater Hildibrandur Bjarnason beginne ich, den Fisch zu zerlegen. Der Wind in der Bucht ist so scharf wie mein Messer. Ich habe mein eigenes mitgebracht. Bjarnason, mit sturmrotem Gesicht, prüft es und ist zufrieden. Ich darf loslegen, und es ist eine Wonne, durch das Fleisch zu pflügen. Wer eine Forelle zerlegen kann, der weiß auch, wie das bei einem Hai funktioniert.

Bjarnarhöfn ist ein einsames Gehöft zwischen Stykkishólmur und Grundarfjörður, auf der Halbinsel Snæfellsness, im Westen Islands. Der nächste Ort ist 25 Kilometer entfernt, und das ist auch gut so, denn die hier lebende Familie verarbeitet seit Generationen Eishai. Dieser Fisch hat keine Nieren und lagert Stoffwechselgifte in seinem Fleisch ein. Die Haibrocken, die wir abschneiden, werden deshalb zunächst in Holzkisten gelegt, wo sie sechs Wochen lang vor sich hinrotten. Sechs Wochen, in denen der Ammoniak allmählich freigesetzt wird und dermaßen duftet, dass keine Fliege, auch kein noch so kleines Bakterium sich in die Nähe wagt. Dann nennt sich das Ganze *hákarl* und hängt noch einmal vier Wochen in der trocknenden Seeluft, bis die Fischstücke von außen eine braune Färbung haben und von innen eine eher glitschige Konsistenz, ähnlich wie Speck. Kein Salz kommt hinzu, kein Gewürz, gar nichts.

Mit einem Holzstäbchen angele ich mir ein reifes Bröckchen, das Bjarnason mir anbietet, und beiße herzhaft rein. Ein heftiges Kratzen bohrt sich durch die Nase, zieht sich hoch bis in die Hirnrinde. Ich bin entsetzt. Wie kann es sein, dass fast alle Isländer geradezu süchtig sind

Erst 1884 entdeckte ein Däne die einsame Siedlung Tasiilaq an Grönlands Ostküste. Heute hat sie 1800 Einwohner und eine Eisdiele

nach Gammelhai und mir es die Zehennägel umklappt? Nur Mut, Vincent! Wieder ein Bröcklein, noch eines und noch eines. Ich gewöhne mich an den Schmerz, war nicht auch der erste Grappa furchtbar? Und langsam bin ich fähig zu analysieren. An was erinnert der Geschmack? Ich würde sagen: an überreifen Käse, Romadur im Endstadium zum Beispiel, mit einem Schuss Pferdeurin.

„Dieser Fisch reinigt den Körper und kurbelt die Verdauung an", sagt Bjarnason, der mich beobachtet und grinst. Und in der Tat, die Wirkung tritt sofort ein, mein Blut kommt in Wallung. Ist Bjarnasons Schädel nun noch roter? Sehe ich bereits doppelt? Es fühlt sich an wie eine Bewusstseinserweiterung.

Eines ist sicher: In Deutschland bekäme ich Hákarl nicht herunter, doch hier, eingestimmt von der Landschaft und den famosen Leuten, könnte ich mich glatt daran gewöhnen. Geschmack entsteht eben nicht nur im Mund, sondern auch im Kopf. Bjarnason jedenfalls hat gemerkt, dass ich unerschrocken bin und auch mit dem Messer kein Greenhorn. Er haut mir krachend auf die Schultern. Bei der Abfahrt schaut er uns tatsächlich so lange nach, bis wir um den Berg und außer Sicht sind.

Auf dem Weg zur Zivilisation gibt es so viele Schlaglöcher, dass ich verstehe, warum die Isländer die Pisten bevorzugt mit Monster-Jeeps bewältigen. Schön durchgeschüttelt und um eine Bergnase gerattert – dann liegt die Hauptstadt Reykjavík vor uns. Hier hütet der berühmteste Koch des Landes, Úlfar Eysteinsson, einen Wal in unzähligen Gefrierfächern. Dazu muss man wissen, dass sich die Isländer verpflichtet haben, Wale nur noch zu „Forschungszwecken" zu fangen, 25 Zwergwale waren es 2004. Der Wal, der mir im *Prír Frakkar* aufgetischt wird, wurde vor dem Fangverbot geschossen, er ist neun Jahre alt. Ein Hoch auf die Kühlkunst der Isländer!

Ich beäuge das rohe, dunkelrote, dünn tranchierte Fleisch auf meinem Teller. Japanischen Meerrettich, Wasabi, scharf und grün, gibt es als Beigabe und auch Sojasauce – ›

HÁKARL SCHMECKT WIE ROMADUR MIT EINEM SCHUSS PFERDEURIN

Unser täglich Fleisch gib uns heute, beten die Grönländer in der Kirche. Diese Robbe haben Klink und ein Einheimischer im Sermilikfjord erjagt. Unten: Klink bei der Recherche an einer Fischtheke

sozusagen ein isländisches Sushi; es würde jeden Japaner in Freude versetzen. Gebraten unterscheidet sich Wal kaum von einem Ochsen-Pfeffersteak, bis auf einen leichten und angenehm süßlichen Hauch Meeresduft. Der Geschmack erinnert mich an Wildente.

Später gönne ich mir Seeteufel-Spieße in einem Grill am Hafen und Tandoori vom Steinbeißer im *Fylgifiskar*, einer Art modernem Designimbiss für Fischgerichte im Osten der Stadt. Dann ist mein Geld nahezu aufgebraucht. Essen und Trinken unterliegen in Island offensichtlich Strafzöllen. Nun ja, der Bankautomat spuckt die Scheine genauso aus wie zu Hause. Her damit, und am nächsten Tag ins Restaurant *Lækjarbrekka*, wo man Papageientaucher in die Pfanne haut. Die Vögel sind eine Art isländisches Maskottchen und bevölkern im Sommer zu Hunderttausenden die Westfjorde. Ihr Pech ist, dass sie ausnehmend gut schmecken.

Ich wähle Papageientaucher mit einer Sauce aus Blue Cheese, das ist ein einheimischer Käse aus Schafsmilch, der ähnlich schmeckt wie Roquefort, doch weniger salzig. In die mit Sahne angeschlagene Sauce kommen noch einige Blaubeeren – das Ergebnis ist erstaunlich. Ich winke dem Koch: fantastisch! Daraufhin schenkt er mir Brennivin ein. Die Regierung hat dem beliebten Feuerwasser mit sorgender Hinterlist ein extra abstoßendes, schwarzes Etikett verpasst, um den allgemeinen Suff einzudämmen. Seitdem heißt der Sprit „Schwarzer Tod" und erfreut sich noch größerer Beliebtheit.

Am nächsten Morgen bringt mich ein Taxi zum Stadtflughafen, von dem aus die Maschinen nach Grönland starten. Die Häuser und die Grünstreifen sind so sauber, als wäre hier rund um die Uhr Kehrwoche. Irgendwie erinnert mich Reykajvík an Stuttgart.

Einige Stunden später landet die Turbopropmaschine auf der Schotterpiste von Kulusuk, am Rande eines Fjords, auf dem gleißend helle

Eisberge treiben. Ringsherum erheben sich schneebedeckte Gipfel, zackig wie die wildesten Spitzen in den Schweizer Alpen. Mit einem Hubschrauber geht es weiter nach Tasiilaq. Am Steuerknüppel sitzt ein Eskimo. Für mich sehen alle Mitpassagiere gleich aus. Sie haben Mandelaugen und eine nur wenig vorstehende Nase, sie sind fröhlich und hilfsbereit. An Grönlands Ostküste leben gerade mal 3500 Menschen auf einer Küstenlinie, die von Hamburg bis Afrika reichen würde.

Am nächsten Tag wartet Friderikke Mathiesen auf mich in ihrer Küche, die auch nicht anders aussieht als die meiner Oma. Alles blinkt und blitzt, nicht ein Stäubchen auf der Anrichte. Friderikke ist um die 60, aber ihre rabenschwarzen Mandelaugen haben einen noch etwas schüchternen Aufschlag. Vor nicht allzu langer Zeit gab es hier noch – wie schön für die Frauen – Vielmännerei. Die Männer waren mit dem Kajak unterwegs, paddelten und harpunierten, ihre Frauen schmissen zu Hause den Laden.

GRÜNZEUG WAR IN OSTGRÖNLAND BIS VOR KURZEM SO BEKANNT WIE MONDSTAUB

Aus dieser Tradition stammt Friderikke, sie ist markig und weiß, was sie kann. Wir beide sind Weltmeister im Grimassenschneiden und gestikulieren mit Händen und Füßen. Als ich mir unbekümmert ein getrocknetes Fischchen greife, erwartungsvoll daran rieche und die Augen verdrehe wie Fred Astaire nach einer Pirouette, sind wir uns einig. Köchinnen und Köche sprechen die gleiche Sprache. Sie hält mir ihr Messer vor die Nase und greift sich gleichzeitig an den Busen. Aha, das muss ein besonderes Instrument sein, denke ich, sozusagen eine Herzensangelegenheit. Tatsächlich, es ist ein Frauenmesser, in meinem Restaurant haben wir ein ähnliches zum Abspalten von Käse.

Friderikke schneidet einen großen Plastiksack auf und legt ihn wie eine Plane auf den Boden. Ich schleppe die Robbe herein, die ich am Morgen zusammen mit Thomas, dem Müllbeauftragten des Dorfes, draußen im Fjord geschossen habe. Das Tier erinnert an einen Torpedo, nun liegt es auf dem Rücken, seine Bauchseite zeigt nach oben. Mit geradem Schwung, als führe sie einen Geigenbogen, zieht Friderikke einen Schnitt vom Hals bis zur Schwanzflosse. Dann folgen kurze, ruckartige Schnitte entlang der vorgegebenen Spur. Die Eingeweide nimmt Friderikke heraus und legt sie in eine separate Schüssel. Ich nehme den Darm, ziehe die Enden etwas auseinander und lasse frisches Wasser hineinlaufen. Nicht anders geht es beim heimischen Schweineschlachten zu. Friderikke nickt anerkennend.

Schon trennt sie das Fell vom Fleisch – präzise und ohne Kleckerei. So eine Technik habe ich noch nie gesehen! Friderikke nimmt das Robbenfell als eigentliche Unterlage. So könnte sie auch am Strand ein Tier zerlegen, ohne dass das kostbare Fleisch mit Sand in ›

Nun liegt die Robbe in der Küche. Mit geradem Schwung, als führe sie einen Geigenbogen, zieht Friderikke Mathiesen einen Schnitt

MAN DARF GRÖNLANDS KÜCHE NICHT NACH DEN KATEGORIEN DER FEINEN ZUNGE BEURTEILEN

Wo andere vor dem Uringestank die Flucht ergreifen, erschnuppert Hákarl-Experte Bjarnason feinste Duftnuancen

Berührung käme. Friderikke reicht mir ein Stück rohen Robbenspeck. Ich gehe mit dem größten Optimismus ran an den Speck und siehe: Ja, er schmeckt prima.

Die Bewohner des ewigen Eises hören das nicht gern, trotzdem kommt ihr Name nicht von ungefähr. Eskimo heißt: Rohfleischesser. Die traditionelle Küche besteht hauptsächlich aus rohem und getrocknetem Fleisch, meist Robbe und Fisch. Man darf sie nicht nach den Kategorien der Haute Cuisine beurteilen. Noch vor gerade mal 100 Jahren ging es hier allein ums Überleben. Es werden Geschichten überliefert von alten Familienmitgliedern, die Selbstmord begingen, um ihren Kindern und Enkeln die wenige Nahrung zu überlassen.

Die Küche der Inuit litt lange unter dem Mangel an Brennmaterial, weshalb die Robbensuppe, die wir jetzt kochen, ein wahres Luxusgericht ist. Der geschnittene Robbenspeck wandert in einen Topf, dazu eine Hand voll Reis und etwas Wurzelgemüse aus einer Tiefkühlpackung vom nahen Supermarkt. Gesalzen wird mit ein paar Spritzern Meerwasser, Gewürze kennt die traditionelle grönländische Küche nicht. Noch ist das Fleisch fest – egal, Friderikke sieht meine Gier und lässt mich probieren. Der Geschmack ist köstlich, von Seeduft unterlegt, sehr angenehm. Robbenfleisch ist dem Rindfleisch ähnlich, doch dunkler, um nicht zu sagen fast schwarz – und sehr gesund.

Meine Hochstimmung weicht, als mir Salo, der Dolmetscher, den Dorfreporter vorstellt. Der streift sich Gummihandschuhe über und öffnet eine Plastikbox, so als enthalte sie spaltbares Uran. Heraus kommt eine Robbenflosse. „Sthat iss Ulisimali, I hope you will entschoy it", ruft Salo. Aha, Ulisimali also, das berühmteste Gericht der Ostküste. Ich war vorgewarnt worden, man würde mir ein fast vergessenes, altes Gericht als Hauptgang vorführen: vergammelte Robbe. Nur die Flossen werden dafür verwendet, sie werden rasiert, gewaschen und dann in ein dicht vernähtes Robbenfell gepackt. Statt des Robbenfelles nimmt man heute manchmal auch fest schließende Blechdosen, die dann 14 Tage am wärmenden Fensterbrett dahindämmern. Der infernalische Gestank der Robbenflosse verschlägt mir glatt die Sprache.

Eine Mutprobe. Nun gilt es, cool zu bleiben und die Nase abzustellen.

Ich kann das, in meinen langen Jahren als Koch habe ich mir diese Überlebensstrategie angeeignet. Warum? Nun – schon mal einen lebendwarmen Ochsenmagen ausgeräumt? Der Dorfjournalist meint, ich solle Gummihandschuhe anziehen. Ich denke: „Hey, ihr Eingeborenen, ich will als Held ins Gemeindeblatt, nicht als Memme!", und beiße ohne Handschuhe und sofort in die Flosse. Der Reporter ist geschockt. Offensichtlich ist er aufgekreuzt, um mich zu knipsen, wie ich in die Knie gehe. Ich aber stehe und kaue wie verrückt, denn die Speise ist zäh wie ein Dichtungsring. Heftige Gase ziehen durch meine Nebenhöhlen.

Für die Einheimischen ist Ulisimali mehr Medizin als Nahrung. Es wärmt, behaupten sie. Tatsächlich, umgehend bekomme ich Schweißausbrüche, als wäre in mir eine Rakete gezündet worden. Ich nehme an, dass Waljäger diese Turbomedizin gut gebrauchen konnten, wenn sie aus ihrem Kajak gefallen und längere Zeit im Eismeer getrieben waren. Die essbare Wärmflasche vertreibt alle bösen Geister aus dem Körper. Tagelang wird mir die Pestilenz nicht von den Händen gehen, obwohl ich mir die Nägel kappe und meine Finger mehrmals täglich mit Rasierwasser benetze. Zwecklos. Noch auf dem Rückflug werde ich die Hände brav in der Hosentasche behalten, aus Angst, ich könnte meine Sitznachbarn belästigen.

Und dort hoch oben in der Luft, versuche ich mir einen Reim auf das zu machen, was ich erlebt habe: Nach den Erkenntnissen der Ernährungswissenschaftler und gemäß den Vitamin-Appellen der Pharma-Industrie gibt es wohl kaum eine Küche, die so ungesund ist wie die der Inuit; frisches Gemüse war hier lange so bekannt wie Mondstaub, man aß und isst hauptsächlich Fleisch – und doch hab ich selten so gesunde Menschen gesehen wie in Ostgrönland. ❙

Kaltes Buffet auf Island: getrockneter Seehase (1) neben gewundenem Schellfisch (2), darunter gewürfelter Robbenspeck (3), fettig glänzender Hákarl (4) und Walspeck (5)

Eigentlich kocht **Vincent Klink**, 56, in der „Wielandshöhe" in Stuttgart und für ein Fernsehprogramm. In Tasiilaq war er tapferer als die Fotografin. Beim Geruch einer verfaulten Robbenflosse verließ **Sibylle Bergemann**, 63, fluchtartig den Raum.

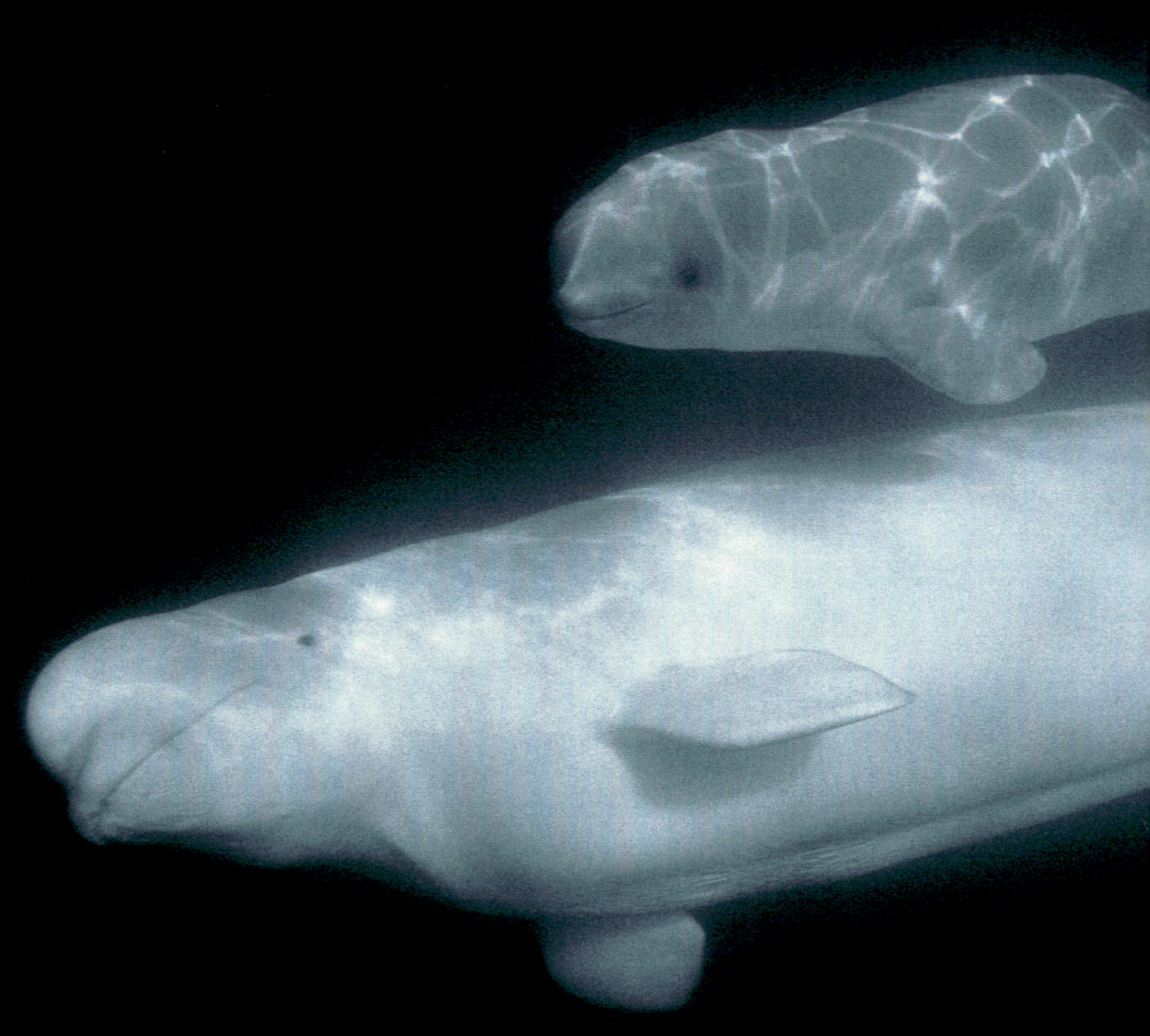

Babyschwimmen
Schmunzelndes Beluga-Kälbchen mit anscheinend gut gelaunter Mutterkuh: Zwei Jahre lang wird das Kleine von ihr dick und rund gesäugt, mit Milch, die bis zu 30 Prozent Fett enthält

TEXT: CLAUS-PETER LIECKFELD

Arktischer Walkampf

Plötzlich waren die Belugas vom Eis eingeschlossen. Ein Temperatursturz hatte den Eisrand in Stunden schneller wachsen lassen als sonst in Tagen. Die Wale waren gefangen. Eine Erzählung

Unterwasserkonzert

Lautlos ziehen die Wale dahin, könnte man denken, doch das stimmt nicht: Belugas sind sehr geschwätzig. In einem fort klicken, grunzen, pfeifen und zwitschern sie, Walfänger nannten sie die »Kanarienvögel des Meeres«

Sie hatten nur eine Chance. In einer einzigen frostklirrenden Nacht war das Eis schneller gewachsen als sonst in Tagen und hatte den Beluga-Trupp eingeschlossen. Um in dem Gefängnis bis zur Sommerschmelze zu überleben, mussten die 27 weißen Wale das Atemloch offen halten, durch stetiges Auf- und Abtauchen – ein halbes Jahr lang. Und es kam schlimmer.

Erst war nur ein junger Eisbär am Werk, der zufällig vorbeistromerte, die Belugas entdeckte und einige ungeschickte Schläge ins Wasser tat. Bald zog er wieder ab. Nur eine blutige Tatzenspur, quer über den weißen Schädel eines Wals gezogen, bezeugte die Attacke.

Drei Tage später aber tauchte eine Könnerin am Loch auf. Eine Altmeisterin, die offenbar schon oft Beluga-Ernte an Atemlöchern gehalten hatte, schwenkte ihren schlanken Hals mit dem markanten Dreieckskopf über der Eiskante. Sie schlug nicht wild ins Wasser, sobald ein Brodeln im Eisloch die synchron auftauchenden Kleinwale verriet. Sie setzte gezielte Schläge, und wenn sie ihre blutige Pranke wieder auf die Eiskante setzte, starrte sie unbewegt auf die roten Schlieren.

Sie schien sich sicher: Die Panik würde die Atemfrequenz der Beutetiere verkürzen. Die Gefangenen würden jedes Mal ein paar Sekunden länger atemringend im Todeskessel zappeln und sich gegenseitig in Schlagweite der Bärin drängen.

Leukana, die bestentwickelte unter den mehrjährigen Jungwalen, tat instinktiv das Richtige. Sie wartete, die Schmerzensstiche in den Lungen so gut wie möglich ignorierend, bis ein Pulk auftauchte und drängte dann ihren Leib in die sichere Mitte. Nur einmal spürte sie einen schneidenden Schmerz knapp oberhalb der schnabelförmigen Bucht ihrer Schnauze.

Schließlich beruhigte sich das Wasser. Die Blutschlieren verblassten. Nur an den Eisrändern des Atemloches hatten sich tiefrote Säume gebildet, vom kabbeligen Wasser blasig geschlagen. Dass vier Wale aus dem Trupp fehlten, dass am Atemloch eine Bärin und zwei Jungtiere ihre Köpfe rot färbten und nach ihnen ein gutes Dutzend Polarfüchse einen blutigen Reigen um die halb skelettierten Beluga-Leiber tanzten, dass eine weiße Wolke von Möwenleibern über dem Schlachtplatz vibrierte und die Luft von Vogelgeschrei zitterte – all das nahm der geschundene Haufen nicht wahr.

Wie auch? Der Überlebenskampf am Atemloch zwang sie wieder in den regelmäßigen Rhythmus von Auftauchen und Abtauchen, Auftauchen, Abtauchen.

Bis der arktische Frühling den Belugas schließlich eine Schwimmrinne ins Freie öffnete. Die Spalte buchtete sich erst zu einem schmalen Canyon meerwärts aus, zu schmal für einen Beluga-Leib. Die Tiere, die es trotzdem versuchten, vergeudeten wichtige, letzte Kraftreserven. Doch dann schoben sich in einer einzigen Stunde die Wände auseinander. Vor dem Trupp lag schwarzes, freies Wasser, in dem nur noch einige Schollen dümpelten.

Der bisherige Anführer der Wale war schwer gezeichnet. Ein Tatzenschlag hatte seinen linken Brustflossenmuskel zur Hälfte zerrissen, sodass er beim Vorwärtsschwimmen mit einer zuckenden Bewegung seine verminderte Gleitfähigkeit ausgleichen musste. Das disqualifizierte ihn als Kopf und Leittier des Verbands.

Und so geschah es fast ohne ihr Zutun, dass Leukana in die frei werdende Position hineinschwamm – eine Position, die normalerweise männlichen Tieren vorbehalten ist. Aber es gab keinen unverletzten Bullen in dem Trupp. Die allgemeine körperliche Verfassung war höchst bedenklich: Im Eis-Gefängnis war außer vorbeidriftenden arktischen Krustentieren keine Beute verfügbar gewesen.

Leukana war stärker – oder richtiger: weniger geschwächt – als die anderen. Außerdem war ihre Orientierungsfähigkeit besonders hoch entwickelt. Die kräftig gewölbte Stirnmelone sandte Ultraschallwellen in Nähe und Weite, zeigte ihr die Beschaffenheit der Eisunterseite, die Breite der Eiskanäle oder Größe anschwimmender Körper, von Beute oder Feind. Und wenn die starken Unterkiefer das Echo ins Mittelohr leiteten, reagierte sie ohne Verzögerung. Das verschaffte Respekt.

Nun begann eine Aufholjagd, der weitere Wale erlagen. Die abgemagerten Tiere brachten mit äußerster Kraftanstrengung gerade noch jene Grundschnelligkeit zustande, die für die Fischjagd erforderlich ist. Jeder gescheiterte Versuch konnte der letzte sein, verminderte er doch die allerletzten Kraftreserven um kleine, aber tödliche Quanten. Langsame Beute wie Plattfische in wärmeren Küstenbereichen war zu weit entfernt, als dass die Wale sie im Zustand totaler Entkräftung hätten erreichen können. Schließlich war es ein Zufall, der Rettung brachte – denen, die noch zu retten waren: Ein Schwarm Atlantikheringe kreuzte ihre Route.

Leukana schwamm um die schwachen Mitwale aufmunternde Schleifen, um sie bei der Gruppe zu halten. Aber die Gezeichneten fielen Tag für Tag größere Strecken zurück, die sie zwar eine Zeit lang aufholen konnten, sobald sich der Trupp in Ruhestellung begab. Doch am elften Tag nach dem Ausbruch aus dem Eisloch war die Herde halbiert. Leukana spürte mit instinktgesteuerter Sicherheit, dass Suchen oder Warten von nun an vergeblich sein würde.

Unter den Verschwundenen war auch der ehemalige, verletzte Leitwal, der bis zuletzt versucht hatte, die Belugas mit den übel vernarbten Prankenspuren und der besonders schlechten Kondition auf Kurs zu halten. Sein alter Führungstrieb erstarb langsamer als die restlichen Kräfte. Gut 100 Seemeilen südöstlich der norwegischen Bäreninsel gab er auf: sich und die anderen Invaliden. Total entkräftete Säuger ertrinken; das geht Walen nicht anders als Hunden oder Menschen.

Leukana vereinigte Tage später den Resttrupp, einem inneren Antrieb folgend, mit etlichen anderen Gruppen. Die hatten, von Grönland kommend, das Nordmeer in Höhe des 70. Breitengrades gekreuzt und das Nordkap umrundet. Nun waren es um die 500 Tiere, die die Barentssee nördlich des Murmansker Oblast durchpflügten, um dann Kurs nach Osten zu nehmen, den großen sibirischen Flüssen entgegen: Ob, Jenissej, Lena.

Vor der immer noch eisgepanzerten Insel Nowaja Semlja teilte sich der Zug in viele kleine Trupps. Die „Grönländer" umrundeten auf Nordostkurs die Rieseninsel. ❯

Die „Spitzbergen-Belugas", unter ihnen Leukana, wählten den Sund zwischen Insel und Festland, hinter dem sich die Karasee öffnet. In diese riesige, gut ostseegroße Bucht, in die sich der Ob ergießt, zieht es jährlich Zehntausende Weißwale. Mit dem seltsamen Geschmack des Wassers, verfremdet durch eingespülte Huminstoffe, von denen mooriges Wasser gesättigt ist, kam eine Erinnerung zurück – Bilder von Leukanas erster Begegnung mit dem „süßen Ob". Ein Gefühl, das ein Mensch vielleicht „Erinnerung" genannt hätte.

Mit jedem Schwimmstoß der kräftigen Fluke war Leukana damals schwerer geworden. Sie spürte eine irritierende Kraft, die sie abwärts zu ziehen drohte, etwas Noch-nicht-Dagewesenes, dessen man sich nur erwehren konnte, indem man das bewegliche Haupt immer wieder energisch gegen die Wasseroberfläche drückte. Süßwasser trägt schlechter als Salzwasser.

Die anderen, die Alten zumal, schien das Andersartige nicht zu stören. Das Gewicht, dieser Zug nach unten, war offenbar keine Bedrohung – nur so ließ sich die Ruhe der erfahrenen Wale und vor allem die des Truppführers lesen.

Doch als mit zunehmender Entfernung vom offenen Meer der Salzgehalt gegen null ging – und damit die Tragfähigkeit des Wassers sehr gering wurde –, machte Leukana eine auffordernde Bewegung zur Umkehr. Zurück! Dahin, wo das Wasser sich normal verhielt, wo dieses lästige Sich-hoch-Stemmen überflüssig war. Es war das Aufbegehren einer Unerfahrenen. Die anderen kümmerten sich nicht um sie. Die Gruppe zog gleichmäßig durch das braungrüne Brackwasser, und Leukana blieb nichts anderes übrig, als ihren Antrag mit einer scharfen Körperwendung zurückzuziehen. Denn allein ist ein Beluga ein vier Meter langes, gut 1000 Kilogramm schweres Nichts.

Als nach fünf oder sechs Schwimmstunden die Temperatur des Wassers spürbar stieg, lief eine zweite Welle des Unwohlseins durch Leukanas Leib – von der Fluke bis zur birnenförmigen Stirn. Doch ehe sich das Gefühl auswachsen konnte, wurde es weggeschwemmt von einer schier überwältigenden Empfindung. Der Ob spie dem Beluga-Trupp wie aus dem Nichts einen unfassbar großen, dichten Unterwasserschwall von Sterlets entgegen – fettreichen und wohlschmeckenden Störverwandten auf dem Rückweg von ihren Laichplätzen ins Meer.

So dicht war die Wolke, dass man mit dem Schnappen, Beißen und Schlucken nicht nachkam. Man konnte blind ins Wasser hineinkauen und dabei die weit hinten am Kopf sitzenden Äuglein – direkt in der Verlängerung der Maulspalte – genüsslich zudrücken. Und nur den Unterkiefer bewegen, bis das Völlegefühl den Schluckreflex behinderte.

Danach ließ sich der Trupp von der Strömung des Ob zurück zum Meer treiben. Nur gelegentliche kräftige Schläge waren nötig, um nicht abzusinken. Ein gutes Gefühl bewirkte dieses Sterlet-Festmahl; es war zugleich die Antwort darauf, warum die Alten das Ungemach des zu warmen, des zu tragschwachen Wassers auf sich genommen hatten ...

Nun ist es wieder wie damals. Und Leukana empfindet dieses Mal, die Stupsnase immer eine halbe Schwimmlänge dem Pulk voraus, das Schwererwerden und die schwüle Wassertemperatur des Ob nicht mehr als lästig. Beides ist Teil des Versprechens auf die großen Schwärme, die da kommen sollen. Die Nährwolken.

Als zwei Unerfahrene schon auf Höhe des Tasbusens irritiert den Rückweg antreten wollen – genau wie sie selbst vor einem Jahr –, verlangsamt Leukana den Vorstoß kaum merklich, lässt ein gebieterisches Pfeifen hören und beschleunigt dann um eine bedeutsame Nuance.

Nach drei weiteren, stetig durchschwommenen Stunden ist sie wieder da, diese wunderbare Wand aus wimmelnden, schlängelnden, schwarzen Leibern. Sterlets, dunkle, zuckende Unterwassernebel, gelegentlich von weißen Strichen aufgehellt: Albinos, so genannte Sterletkaiser, die den kauenden Belugas ebenfalls recht sind. Die Gabe des Ob. Das Ob-timum. Die Sterletissima.

Das große Fressen sorgt für Kondition. Belugas sind ausgezeichnete, wenngleich gemächliche Langstreckenschwimmer und ideale Taucher. Aber um bei einem Normalpuls von 100 Schlägen pro Minute fast übergangslos auf die Tauch-Pulsfrequenz von 12 bis 20 Schlägen zu kommen, braucht es eine gute körperliche Verfassung. Eine Viertelstunde lang verschwinden die Tiere manchmal unter Wasser und stoßen hinab bis in Tiefen weit über 400 Meter. Aber das ist die Ausnahme. Meist tauchen die geselligen Kleinwale nicht tiefer als 20 Meter und sind nach drei Minuten wieder an der Wasseroberfläche. ❯

Durchreise

Ob Belugas manchmal frieren? Wahrscheinlich nicht.
Sie sind echte Dickhäuter: Bis zu 22 Zentimeter misst
die Fettschicht, mit der sie sich vor Kälte schützen

Wassergeburt

Belugas gelten als verspielt. Hier malt ein Neugeborenes eine Spur aus Bauchnabelblut in das »Vancouver Aquarium«. Sekunden später wird es seinen ersten Atemzug tun. Willkommen in der Welt!

Leukana und ihre Schar mussten nur wenige Wochen nach dem Sterlet-Fischzug an ihre Leistungsgrenze als Taucher gehen – eine Erfahrung, die ohne die sibirische Fett- und Kraftreserve wohl blutig ausgefallen wäre.

Aus dem Nichts der nordatlantischen Weite war ein Jagdtrupp von Schwertwalen aufgetaucht. Die hoch über die Wasseroberfläche aufragende, haiartige Dreiecksflosse ist das furchtbarste Signal in der Beluga-Welt. Es gibt nur eine halbwegs erfolgreiche Rettungsstrategie: sich im tarnenden Eis zu verstecken und ruhig treiben zu lassen; die in Gruppen jagenden Orcas sind auf Bewegung und Flucht ihrer Beute geprägt. Eisschollen, die auf dem Wasser treiben, bieten den Weißwalen Schutz, gegen das grauweiße Hell heben sich die Leiber der Belugas nur schwach ab.

Einige der Angreifer warfen sich mit voller Körperwucht auf das Eis; das Donnern der brechenden Schollen hatte eine betäubende Wirkung auf die zusammengedrängten Belugas. Aber Leukanas Trupp ließ sich nicht zur Flucht ins offene Meer verleiten. Die Angegriffenen preschten nur jeweils paarweise zum schnellen Luftschnappen an die Eiskante vor, sogen die Lungen voll Luft und brachten sich sogleich wieder in Sicherheit, manchmal nur ein, zwei Körperlängen von den schrecklichsten Zähnen der Ozeane entfernt.

Irgendwann spürten die Orcas, dass aller Kraftaufwand, alles Getöse am splitternden Eisrand sie einer vollfetten Beluga-Mahlzeit nicht näher bringen konnten. Sie zogen ab. Es würde sich irgendwann eine treibende Scholle mit Robben finden, die man mit vereinten Kräften zum Kentern bringen konnte, um die tauchenden Kalorien-Wasserbomben abzufangen. Auch für Orcas gilt das transglobale Energiegesetz des Tierreiches: Beute, die man mit zu viel Kraftaufwand beschaffen muss, ist ein ruinös schlechtes Geschäft.

Es dämmerte, als sich die Belugas unter dem rettenden Eiskragen vorwagten. Im diffusen Licht glitten die weißen Körper durchs Oberflächenwasser, still, unaufgeregt, wie immer. Es hatte keine Toten gegeben. Und selbst wenn ihr Trupp hätte Blutzoll zahlen müssen: So etwas wie Trauer oder Trauma gibt es nicht in der Gefühlswelt der Weitschwimmer.

Die Dorsch-Zeit stand ins kalte, grünkristalline Wasser geschrieben. Jetzt hing viel davon ab, dass man dort war, wo der Dorsch zog. Selbst Orcas – die zu wissen schienen, wohin es Belugas dieser Tage trieb – waren nicht schrecklich genug, um die notwendige Reise zu unterbinden.

Ja, natürlich: Es würde Tote geben. Da, wo die Dorsche zogen, gab es keine rettende Eiskante wie beim glücklich überstandenen letzten Angriff der Großfeinde.

Aber es würden schon bald viele überlebende, satte, gesunde Weißwale weiterziehen. In bester Paarungsstimmung. Das allein war wichtig. Von den Dorschen würde der Weg zu den Lodden führen, kleinen, aber sehr nahrhaften Schwarmfischen; ein bekannter Weg, seit undenklicher Zeit wie mit wasserfester Kreide auf den Nordatlantik-Wogen vorgezeichnet.

Als das Wasser wieder den Geschmack der norwegischen Fjorde annahm, eine salzige Würze mit starker Grundierung von Tang, trat Leukana die Führung ab. Ein starkes Männchen, das sich ihnen schon auf der Rückreise vom Ob zugesellt hatte, war immer fordernder geworden. Erst schien es, als würde es der neunjährigen Leukana nur assistieren, wenn es galt, den Trupp zu einem schlanken Jagdkeil zu formen. Dann hatte sich der Beluga-Bulle weiter vorgewagt, und als Leukana ihn nicht zurückstufte, bestand er seinerseits auf Abstand.

Den eigentlichen Grund der Wachablösung kannte er – obwohl er ihn verursacht hatte – nicht; und auch Leukana fühlte es mehr als dass sie es begriff. Irgendetwas bewegte sich in ihrem Leib. Seit Tagen nötigte sie etwas von innen her zu einer bedächtigeren Schlagzahl mit der Fluke. Zugleich wuchs ihr Appetit gewaltig an.

Es war ein neues Gefühl. Aber ein gutes. ❙

Als GEO-Autor **Claus-Peter Lieckfeld**, 56, in Norwegen zum ersten Mal einen Beluga sah, fand er ihn eher plump als entzückend. Inzwischen sieht er die Tiere mit anderen Augen.

DAS JAHR, IN DEM WIR ALLEIN WAREN

Überwintern: Das ist die große Prüfung auf Spitzbergen. Hauke Trinks hat es gewagt. Er hat den Eisbären getrotzt, den Schneestürmen, der Dunkelheit – und fühlte sich geborgen, als kleiner Teil eines großen Ganzen

TEXT: ULLA PLOG

Die Mitternachtssonne beleuchtet eine grandiose Landschaft: Zwischen dem zusammengeschobenen Eis des Fjordes und einer verschneiten Hügelkette zieht sich eine glitzernde Ebene bis zum Horizont. Manchmal quert ein Eisbär das Schneefeld; sein gelbliches Fell hebt sich gut ab gegen die weiße Unendlichkeit. Ein tiefes Schweigen umhüllt die Natur, nur selten durchbrochen vom Knall eines Eisturmes, der von einer Gletscherkante bricht.

Hauke Trinks erinnert sich gern an diese Abende, an denen er vor seiner Hütte auf Kinnvika saß. Aber der arktische Sommer ist nur ein Atemholen der Natur. Schon im August beginnt der Winter, mit Kälte, Schneegestöber und einem Gefühl der Beklommenheit. „Es ist nicht so wie in Deutschland, wo man sich auf gemütliche Winterabende freut", sagt Trinks heute, knapp zwei Jahre später. „Wer überwintert, fragt sich: Werden wir es schaffen?"

Überwintern: Das ist die größte Prüfung, die Spitzbergen bereithält. Das ist der Ritterschlag im weiten, menschenleeren Reich des Hohen Nordens. Um die Kultur der Jäger und Fallensteller lebendig zu erhalten, vergibt der Gouverneur der Insel jedes Jahr zwei Hütten an besonders hart gesottene Naturmenschen. Sie müssen in der Lage sein, aus eigener Kraft in der Wildnis zu überleben; sie müssen Rentiere und Robben jagen, Eisbären vertreiben und ein Hundegespann lenken können. Es ist vorgekommen, dass Überwinterer mit dem Hubschrauber aus ihrer Hütte gerettet werden mussten, weil die Polarnacht sie in tiefe Depressionen gestürzt hatte. Seither überprüft der Gouverneur die Trapper-Qualitäten der Bewerber besonders gründlich.

2002, im Frühjahr: Hauke Trinks rüstet sich zur zweiten Überwinterung. Der Physiker hat es als forschender Abenteurer zu einigem Ruhm gebracht. Er ist 61 Jahre alt, ein Mann mit stahlblauen Augen und mit einer Ausstrahlung von Frische und Kraft, nicht groß, aber drahtig. Er war Präsident der Technischen Universität Hamburg-Harburg, ist allein über den Atlantik gesegelt und hat sich mit seinem Boot einen Winter lang in der Barentssee einfrieren lassen. Das Buch, das davon erzählt, ist eine Mischung aus Überlebens-Trip und Wissenschaft, aus Grenzerfahrung und Forscheralltag. Trinks hat eine Hypothese, die er mit Leidenschaft vertritt: Das Leben ist im Eis entstanden.

Jetzt will er neue Daten sammeln. Will Tagebuch führen und fotografieren, für ein neues Buch, für einen Film. Er weiß, wie viel Kraft es geben kann, Menschen mit seinen Erzählungen zu berühren. Das zu tun, wovon so viele träumen. Natürlich genießt er es, bekannt zu sein.

Nehmen Sie jemanden mit, hatte ihm der Gouverneur geraten, als Trinks ihn um die Hütte in Kinnvika bat. „Es war singulär", sagt der Wissenschaftler, und meint: Es war kein Zufall, dass die fröhliche Frau mit den Kringellocken, die er noch nie gesehen hatte, an jenem Abend in seinem Lieblings-Pub in Longyearbyen saß. In drei Minuten erklärte er ihr sein Projekt, nach einer Stunde war Marie Tièche überzeugt. Einige Wochen später erreichten die 44-jährige Bibliothekarin aus Südengland und der Physiker aus Hamburg die verlassene Forschungsstation auf der arktischen Insel Nordaustlandet im Archipel von Spitzbergen.

Während die Natur langsam erstarrt und die Rentiere auf Vorrat fressen, bis sie wabbelige Bäuche haben, richten sich die beiden in der Wildnis ein. Und sehen sich amüsiert dabei zu. „Plötzlich waren wir ein Steinzeitpaar", sagt Hauke Trinks. Wie von selbst übernimmt Marie Tièche, nun die einzige Frau jenseits des 80. Breitengrades, die Arbeiten in der Höhle. Sie backt Brot, hütet das Feuer, vergräbt die Kartoffeln, damit sie sich bis zum Frühjahr halten, holt Wasser, überträgt Messdaten in das Laptop. Trinks hackt Eisblöcke aus dem Fjord, legt Proben unters Mikroskop, erzieht die Hunde, schleppt Holzstämme vom Ufer des Polarmeeres herauf und stellt am Abend zwei Gläser Rotwein bereit. Von Anfang an ist es eine heftige Liebe – auf Zeit. Nach der Expedition wollen Trinks und Tièche wieder auseinander gehen. Das ist der Plan.

Wenn sie aus der Hütte treten, sind sie vorsichtig. Sie schauen sich alle paar Meter um, denn jede Bewegung, die sie machen, ist eine Bewegung im Territorium der Bären. Ungefähr hundertmal haben die beiden Bärenbesuch. „Polarbären werden seit 1972 nicht mehr geschossen, sie kennen den Menschen nicht mehr als Feind, er ist auch nicht als Beutetier gespeichert", sagt Hauke Trinks. „Aber wenn sich ei-›

Die bohrende Frage, die viele Wissenschaftler umtreibt: Wie entstand das Leben? Hauke Trinks verficht die Theorie, dass die ersten Einzeller dem Eis entstammten

Sein Gewehr hat Trinks immer griffbereit. Mehr als hundertmal bekommen er und seine Gefährtin Besuch von Eisbären

*Wenn **Ulla Plog**, 62, ihren männlichen Bekannten von Hauke Trinks erzählte, reagierten viele begeistert. Plog: „Als gäbe es noch eine andere Version ihres Lebens, jederzeit abrufbereit."*

ner blöd benimmt, wird er doch gefressen." Einmal kommt ein Bär über ein Schneefeld auf ihn zu, es ist einfach seine Richtung. Bescheiden tritt Trinks mit seinen Hunden zur Seite. Der König des Eises zieht an ihm vorbei, wie ein Lastwagen. Kraftvoll und langsam – jeder spart seine Energie für die Zeit, in der es nicht mehr Tag wird.

Im Spätherbst beschließt Hauke Trinks, einen Bären, der in der Nähe der Hütte herumlungert, zu verjagen. Er nimmt sein Gewehr, geht hinter dem weißen Riesen her und schießt neben dessen Füße. Der Bär geht ein Stück, setzt sich hin und schaut sich nach seinem Verfolger um. Wieder schießt Trinks. Der Bär geht ein paar Schritte weiter. Trinks denkt: Was, wenn der Kerl den Spieß einfach umdreht? Und fühlt sich wie ein Urzeitjäger, während er das Raubtier durch die fahle Mondlandschaft vor sich hertreibt. Beim Zurückschauen sieht er in der Ferne ganz klein die Hütte, in der die Frau wartet. In diesem Moment gibt es nur diese eine Welt aus Eis und Dunkelheit und dieses Häuschen. Ein Männertraum. Ein Gefühl von großem Glück. „Am nächsten Morgen", sagt Hauke Trinks und lacht, „war der Eisbär wieder da."

Was macht der Mensch, wenn die Welt um ihn herum zu einem Reich aus Schatten wird? Wenn die Sonne etwa 130 Tage lang verschwindet? Wenn der Pulverschnee durch die Fenster dringt und der Sturm an den Ketten zerrt, mit denen die vier mal vier Meter kleine Holzhütte im Boden verankert ist, als wolle er sie davonblasen?

Hauke Trinks stellt sich den Wecker. Jeden Morgen um sieben krabbelt er aus seinen Decken, kocht einen Pott Tee mit dem Wasser, das er am Abend zuvor in Thermoskannen gefüllt hat, und bringt ihn Marie mit einer flackernden Kerze an den Schlafsack. Dann füttert er die Hunde und joggt ums Haus. Er weiß, wenn er sich nur ein bisschen hängen lässt, kippt gleich die ganze Disziplin, und Schatten legen sich auf das Gemüt.

In der Finsternis wird für die beiden jede normale Tätigkeit zur Herausforderung: Schnee schippen, den Weg zum Klohäuschen zurücklegen, einer den anderen mit Scheinwerfer und Gewehr vor den Eisbären beschützend. Oft schickt das Nordlicht magische Farbschleier, dann stehen die beiden, an eine Schneewand gelehnt, direkt unterm Polarstern und fühlen sich der Schöpfung nah. Alle vier Wochen erleichtert der volle Mond die Orientierung, aber schon bald entschwindet das Land wieder in der unwirklichen Schwärze der Polarnacht. Sie entfernen sich nicht mehr weit von der Hütte.

Hauke Trinks liest, was die Trapper vor 100 Jahren in ihre Tagebücher schrieben, er kennt ihre Hütten, die Arktis hat alles konserviert. Nur diejenigen, die sich körperlich und geistig bewegt haben, überstanden die Strapazen der Eiswüste. Und er arbeitet. Er will beweisen: Das Leben ist im Eis entstanden. Eine ungewöhnliche Theorie, eine von vielen über die Entstehung der ersten Einzeller. Im Eis der Polkappen könne sich durchaus Leben gebildet haben, sagt Christof Biebricher vom Göttinger Max-Planck-Institut, dort existierten hervorragende Bedingungen für die Entstehung von Molekülketten, die das Leben steuern. Aber, wendet Thomas Mock vom Alfred-Wegener-Institut in Bremerhaven ein, als sich die ersten Zellen bildeten, habe es noch kein Eis auf der Erde gegeben. Die Frage bleibt offen.

Irgendwann tauchen die ersten Konturen in der raumlosen Dunkelheit auf. Bald erkennen Trinks und Tièche die Umrisse der Hütte und den Saum des Wassers. Eines Tages, im Februar, ist es so weit: Auf einem fernen Gipfel leuchtet es rot, die Sonne strahlt die Spitze des Berges an. Bald danach schießen ihre Feuerstrahlen aus einer Lücke zwischen zwei Bergrücken. „Wir waren so fröhlich. Wir dachten, jetzt haben wir alles überstanden", sagt Hauke Trinks.

Doch die härteste Zeit steht ihnen noch bevor. Strenger Frost im März. Die Kräfte sind ausgezehrt, die Vorräte gehen zur Neige, die Knochen schmerzen. Die Vorfreude ist bleierner Erschöpfung gewichen. Es wird noch Wochen dauern, bis auf Nordaustlandet die Eisfelder aufbrechen und einige winzige Pflanzen hervorlugen.

Trotzdem sagt Trinks: „Den Elementen trotzen, gegen die Urgewalten kämpfen – das habe ich so nicht empfunden. Ich habe mich als Teil eines großen Ganzen gefühlt. Winzig und ausgeliefert, aber auch angenommen. Das hat mir tiefen Seelenfrieden gegeben."

Als Trinks und Tièche mit dem Schiff nach Hause fahren, erscheinen ihnen die schroffen Lofoten-Inseln wie ein liebliches Paradies. Sie genießen das Licht, die Farben, die Klänge, die Düfte, die Lebendigkeit der Welt. Noch in Hamburg werden sie sich alle paar Meter umschauen. Kaum getrennt, beschließen die beiden, zusammenzuziehen, dort, wo Island am einsamsten ist. „Das Leben gibt uns immer wieder Chancen", sagt Hauke Trinks. „Und jede, die wir wahrnehmen, macht uns stärker für die nächste." ▮

Der Mond ist aufgegangen und gießt sein kaltes Licht auf Longyearbyen, das wie in eine Marslandschaft gebettet erscheint

DIE LÄNGSTE NACHT

112 Tage ohne Sonne: Longyearbyen, die nördlichste Siedlung der Welt, ist extrem. 1800 Menschen leben dort und besitzen 3000 Waffen, weil unzählige Eisbären den Archipel Spitzbergen bevölkern. Will man dort leben? Manchmal kann diese Frage eine Familie entzweien

TEXT: RICO CZERWINSKI   FOTOS: HEINER MÜLLER-ELSNER

Eine weiße Stretchlimousine gleitet durch das Tal von Longyearbyen. Sie springt über gefrorene Buckel und passiert eine Gruppe von Tauchern, die am Rand des Fjordes ein Feuer angezündet haben. Gleich werden die Männer ins eisige Wasser steigen, um durch Algenwälder zu schwimmen und rote Seesterne und Gespensterkrabben anzuleuchten. Die Limousine beschleunigt, lässt ein Freiluftgehege mit kälteresistenten Kleinpferden hinter sich und kommt zum alten Kohlehafen.

Edvard Rasmussen und seine Tochter Henriette steigen aus, im grauen Halbdunkel des Mittags. 17 Grad minus, ein steifer Nordwest, aber Rasmussen trägt nur ein T-Shirt und einen dünnen Flauschpullover, „aus Prinzip", wie er sagt.

Es ist Samstag, der 23. Oktober 2004. Um fünf Minuten nach elf ist die Sonne aufgegangen, gut drei Stunden später wird sie untergehen, verborgen von einer bleiernen Wolkendecke. Drei Tage noch, dann wird die Sonne ganz verschwinden, dann wird Longyearbyen im Schwarz der Polarnacht versinken. 112 Tage wird die Dunkelheit dauern, länger als in jeder anderen Gemeinde der Welt. Rasmussen und seine Tochter öffnen die Stahltür einer alten Lagerhalle.

Drinnen ist Sommer. Deckenleuchten strahlen, Bäume rauschen, aus Lautsprechern tönt der Gesang von Amseln. Es gibt eine Bahn aus Kunstrasen und einen Golfplatz, von einem Beamer auf eine Stahlwand projiziert. Der „Full Swing Golf Simulator" ist an diesem Morgen eröffnet ❯

worden, von einer ehemaligen Schuldirektorin aus Tromsø. Und weil Rasmussen Longyearbyen und seine Möglichkeiten liebt, ist er einer der ersten Kunden, mit seiner Tochter Henriette im Schlepptau.

Vier Jahre ist es her, dass die Familie in die nördlichste Stadt der Welt gezogen ist – und in was für eine Stadt! Longyearbyen hat 1800 Einwohner und weit über 1000 Snowscooter. Es gibt 45 Kilometer asphaltierte Straßen und zwei Motorradclubs. Sogar öffentliche Gebäude betritt man in Socken oder Hausschuhen, die Durchschnittstemperatur im Januar beträgt 15 Grad unter null; mit Neuschnee muss auch Retortenstadt, auf diesem Archipel voller Eisbären?

Rasmussen hat sonst meist einen melancholischen Blick, aber jetzt strahlt er. „Golf ist der erste Sport, der hier bei uns gespielt worden ist", sagt er stolz, „vom Kapitän eines englischen Walfangschiffes, das im 16. Jahrhundert im Packeis festfror." Edvard Rasmussen ist 50 Jahre alt und fast zwei Meter groß, ein stiller, bescheidener Mann, der weiß, was er riskieren kann; im Winter fährt er allein mit dem Schneemobil über die Insel und zeltet im Nirgendwo.

Seine Tochter steht neben ihm und lässt die Schultern hängen. Henriette ist 15

Rasmussen ist mit 17 von zu Hause ausgerissen und viele Jahre lang zur See gefahren. Ein unruhiges Leben, nicht untypisch für die Menschen, die in Longyearbyen wohnen und hier, vielleicht zum ersten Mal in ihrem Leben, das Gefühl haben, sie seien angekommen. Hier, wo alle Wege enden. Wo sich die Leute Spitznamen nach ihren Lieblingsbieren oder Geburtsorten geben, wo sich der Carlsberg-Lars oder der Hallingdaler-Magne aus den Fenstern ihrer Autos lehnen, um sich zu begrüßen. Wo die meisten freundlich zueinander sind und aufeinander Acht geben. Eine Traumstadt, denkt Rasmus-

im August gerechnet werden. Rund 60 Thailänder wohnen in Longyearbyen, sie freuen sich auf Weihnachten, wenn Bäume eingeflogen werden, Weihnachtsbäume. Es gibt ein Delikatessenrestaurant, Linienflüge nach Oslo und ein Glasfaserkabel zum Festland.

Doch die Wildnis ist immer nur einige Schritte entfernt und die Zivilisation nur eine hauchfeine Schicht, durch die die unerbittliche arktische Natur schimmert. Kann man hier zu Hause sein? In dieser Jahre alt, sie hat auf echten Golfplätzen gespielt, auf dem Festland, wo die Familie früher gewohnt hat. In Tønsberg bei Oslo gab es Rasen und einen Wald, gleich hinter dem Haus der Familie. Es ist untervermietet, seit ihr Vater auf die Idee kam, nach Spitzbergen zu ziehen. Weil hier die Löhne höher sind und die Steuern niedriger. Und weil ihn die Extreme locken. Henriette nimmt einen Schläger und holt aus. Der Ball knallt gegen die Kiefer ganz links auf der Stahlwand.

sen manchmal, in der alle wieder Kinder werden. „Die Umgebung", sagt er, „treibt uns hier alle zueinander."

Auf einer Insel, die nicht für Menschen gemacht ist. Keine Nenzen, Ewenken oder Inuit siedelten je auf Spitzbergen. Zu abgelegen war der Archipel, zu lebensfeindlich. Im 17. Jahrhundert gründeten Walfänger im Norden der Insel die Trankocherei Smeerenburg, die bald verfiel. Svalbard, so der nordische Name, die „kalte Küste", blieb ein Niemandsland, durch

Es gibt alles in Longyearbyen. Aber die Zivili

das nur ein paar Trapper strichen, die Eisbären und Füchse jagten.

Dann entdeckte man Steinkohle auf Spitzbergen. Bald rückten die ersten Grubengesellschaften an, und mit ihnen kam der Bostoner Geschäftsmann John Munro Longyear, der 1906 seinen Claim dort absteckte, wo heute die Stadt liegt. 80 Jahre war Longyearbyen nicht mehr als eine triste Bergarbeiter-Siedlung, rund 1200 Kilometer vor dem Nordpol. Das Essen kam mit dem Schiff, das Fernsehprogramm per Kassette, die Milch wurde aus Pulver, Butter und Wasser in einer „eisernen Kuh" gemischt; im Winter war man abgeschnitten.

nutzen. Bis heute unterhält Russland die Minensiedlung Barentsburg, 35 Kilometer westlich von Longyearbyen.

Doch Norwegen tut alles, um die Insel norwegisch erscheinen zu lassen. Weil der Norden ein norwegischer Mythos ist – und Spitzbergen dessen Konkretion. Der „Svalbardposten", die Lokalzeitung, hat drei Viertel seiner Leser auf dem Festland. Und noch etwas reizt Norwegen: Die Tatsache, dass unter dem Meeresboden rund um die Insel Methanhydrat vorkommt, eine Verbindung aus kristallisiertem Gas und Wasser. Noch lohnt sich der

werk einer norwegischen Kohlegrube, kutschiert Besucher mit der Stretchlimousine umher und verdingt sich als Aufpasser.

An diesem Abend geht das „Dark Season Blues Festival" weiter, mit dem die Menschen in Longyearbyen die Sonne verabschieden. Alle arbeiten honorarfrei: der Arzt, der die Musiker gebucht hat, die jungen Frauen, die Thermo- und Robbenfelljacken auf Kleiderbügel hängen. „Hier muss jeder mit anpacken", sagt Rasmussen, „hier muss sich jeder auf den anderen verlassen können." Doch die meisten wirken schon um neun Uhr abends nicht mehr besonders verlässlich. ›

Das ist jetzt alles anders. Norwegen hat viel Geld investiert, den Tourismus gefördert, wissenschaftliche Institute angesiedelt, die Universität vergrößert. „Flagwaving Activities" heißen die Subventionen im Amtsenglisch des Gouverneurs. 1920 wurde der Spitzbergenvertrag geschlossen und bislang von 39 Staaten unterzeichnet, auch von Deutschland; Norwegen hat seither die Kontrolle über die Insel, doch alle Unterzeichner haben das Recht, den Archipel zu besiedeln und zu

Abbau nicht, aber vielleicht ist es eine Energiequelle der Zukunft.

Abends, an diesem Samstag, fährt Edvard Rasmussen ins Huset, die alte Kneipe am Talschluss. Sie ist so voll, dass man für ein dunkles Starkbier lange am Tresen anstehen muss, vor dem eingelegten Herzen eines Eisbären. Rasmussen zieht den schwarzen Overall einer Sicherheitsfirma über und postiert sich an der Eingangstür. Er hat viele Jobs, auch das ist typisch für Longyearbyen: Er leitet das Dieselkraft-

Schlitten-Fahrt: Eine thailändische Touristin lässt sich mit einer weißen Stretchlimousine durch Longyearbyen kutschieren. Rechts: ein mondheller Mittag kurz nach Beginn der Polarnacht. An der Snowmobil-Tankstelle brennt noch Licht

sation ist nur eine hauchfeine Schicht über der unerbittlichen arktischen Natur

Noch immer ist Spitzbergen Niemandsland. Doch Norwegen investiert viel Geld,

Verschneite Berge, 17 Grad unter null, die Männer tauchen trotzdem im Fjord. Wer in Longyearbyen lebt, ist meist sehr kaltschnäuzig. Rechts: Edvard Rasmussen, Kraftwerksmanager, Limousinen-Fahrer, Wachmann, trainiert im Schützenverein und erschießt ein aufgemaltes Rentier

Männer und Frauen mit glasigen Augen wanken durch den Saal. Als ob sie nichts vertragen würden oder sich in kurzer Zeit für Wochen auf Vorrat betrunken hätten. Als ob sie die Gelegenheit nutzen wollten. Denn die Gesetze auf Spitzbergen sind streng. Jeder Einwohner kann gegen Vorlage einer Stempelkarte im Supermarkt lediglich 24 Flaschen Bier und zwei Liter Branntwein pro Monat einkaufen. Auf der Straße zu trinken, vor der Tür eines Restaurants oder Pubs etwa, ist verboten.

Darum stellen alle, die zum Rauchen nach draußen gehen, ihr Bierglas auf einen Tisch am Eingang ab, neben Rasmussen. Beim Reinkommen weiß natürlich keiner mehr, welches der zwei Dutzend Gläser das eigene war. Aber das scheint niemanden zu stören. Jeder greift zum nächstbesten Gefäß und nimmt es mit. Als wäre in Longyearbyen kein Platz für gewisse Festlands-Manierlichkeiten. Stattdessen: ein berauschender Grenzstadtgeist. Frontstadtgefühle.

um die Insel norwegisch erscheinen zu lassen

Am Sonntag geht die Sonne um 11.23 Uhr auf und kurz vor 14 Uhr wieder unter; jeder Tag ist jetzt rund 40 Minuten kürzer als der nächste. Noch immer hängen dichte, graue Wolken über den Plateaubergen. Mit der Dunkelheit kommen die Eisbären. Die Tiere schwimmen auf Eisschollen über das Meer heran und können jederzeit in der Stadt auftauchen. Niemand weiß, ob es 700 oder 3000 Bären auf der Insel gibt.

„Es waren zwei junge Norwegerinnen", erzählt Edvard Rasmussen. Er sitzt im Wohnzimmer und reinigt sein schwarzes Sig-Saur-Gewehr. Das neue Haus der Rasmussens steht am Talhang, neben vielen ähnlichen hölzernen Reihenhäusern, die alle auf Stelzen gebaut sind, zehn Meter tief im Permafrostboden verankert. „Am Tag nach ihrer Ankunft beschlossen sie, auf den Plateauberg zu klettern, gleich über dem Ort."

Rasmussen schaut durch den Lauf der Waffe. „In der Ferne sahen sie sogar etwas, hielten es aber für ein Rentier", erzählt er.

„Als sie ihn erkannten, sprintete er schon los, schwer wie ein Kleinwagen und 60 Stundenkilometer schnell. Eine der beiden jungen Frauen konnte sich durch einen Sprung retten, bevor der Bär ihre Freundin niederschlug." Als die Polizisten eintrafen, mussten sie den Bären erschießen. Er hätte sich sonst nicht von seiner Beute vertreiben lassen.

In keiner Stadt der Welt ist die Waffendichte höher als in Longyearbyen. Sogar in der Bank oder in der Universität darf man eine Flinte tragen. Ein junger Mann bringt schon Zehnjährigen den Umgang mit Eisbären bei. Nie in die Luft schießen, erklärt er den Kindern, nie wünschen, dass er weggeht, nie versuchen, ihm nicht wehzutun. Sondern zielen, in das Kopf-Brust-Dreieck.

Einer der ersten Wege, den Neuankömmlinge zurücklegen, führt wegen der Bären zum Gemischtwarenhändler Paulsen, der gebrauchte Gewehre ab 600 Kronen anbietet, gut 70 Euro. Dann folgt meist ein Schießkurs. Wer länger bleibt, tritt häufig in einen der drei Schützenvereine ein. Bei manchen wird die Selbstverteidigung zu einer Obsession. In Rasmussens Waffenschrank, per Alarmanlage mit der Polizei verbunden, hängen inzwischen 30 Gewehre und Revolver.

Zu den Eisbären haben die Spitzbergener ein ähnlich leidenschaftliches Verhältnis wie zu ihren Waffen. Ständig wird irgendwo ein Tier gesichtet, was blitzschnell weitererzählt wird. Seit 1973 ist es verboten, Bären zu erschießen, außer in „eindeutig bedrohlichen" Situationen. So haben die weißen Räuber die Scheu vor der Stadt und den Menschen verloren. Schon lange könne man sein Kind nicht mehr vor ›

Es gibt kein Altersheim und kaum Alte,

dem Haus spielen lassen, klagen Eltern; der Spielplatz am Talhang hat zwei Meter hohe Zäune aus Stahl. Frauen, die ihre Kleinen zum Kindergarten bringen, tragen unter ihren Daunenjacken Revolver.

Im Wohnzimmer der Rasmussens sitzt jetzt Henriette unter einer Leselampe und blättert durch ihr Fotoalbum. Schaut Bilder von ihren Freunden an, von Verwandten vom Festland, die immer seltener zu Besuch kommen, und von einem Klassenausflug. Damals lernten die Schüler, wie man

manchmal, wenn ihr Mann von den Vorzügen des Lebens auf Longyearbyen schwärmt, denkt sie an Anne Lise Sandvik, ihre ehemalige Kollegin. Seit 23 Jahren lebt die auf Spitzbergen, dann brach sie sich die Hand und verlor ihren Job. Sandvik wird die Insel verlassen müssen, wenn ihre Ersparnisse aufgebraucht sind; die Mieten sind so teuer wie in Oslo, fast alle Wohnungen gehören den Arbeitgebern.

Es gibt kein Altersheim und kaum Alte, ein kleines Krankenhaus und kaum

Sie wird die Insel verlassen. Im Sommer, wenn Henriette auf eine höhere Schule geht, auf dem Festland.

Sonnenaufgang am Montag: 11.48 Uhr, Sonnenuntergang: 13.34 Uhr. Es ist der letzte Tag vor dem Beginn der langen Nacht, doch das scheint den Alltag nicht zu verändern. Frauen schlendern mit ihren Kindern die Hauptstraße hinunter, vorbei an Häusern aus Holz, überirdisch verlegten Rohren, vorbei an Boutiquen, Super-

fachgerecht ein Rentier zerlegt. Ein Bild zeigt einen Rentierkopf auf bemoostem Untergrund, in seinem Maul steckt eine Zigarette. Ein Spaß. Henriettes Schwester, die in die siebte Klasse geht, schießt am Wandertag Schneehühner. „Man verroht hier ein bisschen", sagt Henriette.

In der Küche, am Kühlschrank, hängen Zettel. „1 Tafel Schokolade ist 1 Flasche Rotwein oder 4 Scheiben Brot mit Aufschnitt oder ein Gericht mit Fleisch, Sauce, Kartoffeln und Wein" steht auf einem. Ragnhild Rasmussen, die Mutter, hat die Hinweise aufgehängt, sie ist ständig auf Diät. Sie kellnert im Polarhotel, und

Kranke auf Longyearbyen. Wer sich nicht selbst ernähren kann, muss gehen. Die Gemeinde zahlt keine Sozialhilfe, Kleinkriminelle und Alkoholiker werden nicht geduldet. „Teil der Gemeinschaft bist du nur solange, wie du in der Lage bist, für dich zu sorgen", widerspricht Ragnhild Rasmussen, wenn ihr Mann mal wieder vom Gemeinschaftsgefühl schwärmt.

Nur etwa 100 Leute leben seit mehr als 15 Jahren auf der Insel, alle vier Jahre wechselt im Durchschnitt nahezu die komplette Einwohnerschaft. Auch Ragnhild Rasmussen hat genug, nach vier Jahren.

märkten und einem Solarium. 112 Tage ohne Sonne? Ein praktisches Problem, mehr nicht. Jeder weiß, wie es zu lösen ist. Mit Spaziergängen und Aerobic-Kursen, sozialen Kontakten und Kunstlicht, mit dem richtigen Essen: frisches Gemüse, frisches Fleisch, frischer Fisch. Nur wer sich einigelt, wird depressiv.

Steile, oben abgeflachte Berge fassen den Ort ein: der Plateauberg, der Hirschberg, der Sarkophag. Auf dem Plateauberg stehen Gebäude, die wie überdimensionale Golfbälle anmuten. Unter ihnen sind riesige, ins All gerichtete Antennen verborgen. Einen Ort am Äquator überfliegen

Sozialhilfe wird nicht gezahlt. Wer seinen Job verliert, muss die Insel verlassen

viele Satelliten nur einmal am Tag, Longyearbyen dagegen gerät bei jeder Erdumkreisung in Funkweite. Darum ist es der ideale Ort, um Daten von Satelliten herunterzuladen. 2002 wurde ein 42 Millionen Euro teures Glasfaserkabel auf dem Meeresgrund versenkt, mit Lichtgeschwindigkeit werden die Daten seither um die Welt gejagt, zur Nasa beispielsweise, in die USA.

Die Glasfaserverbindung, die Steuererleichterungen: Nicht lange, und ein erstes

ersten der Polarnacht; große, dicke Flocken fallen auf die Stadt und hüllen sie in tiefe Stille. Einige Stunden lang herrscht graues Zwielicht, einige Jogger ziehen unbeirrt ihre Runden, dann ist es auch gleich wieder dunkel. Erst am 15. Februar wird die Sonne wieder aufgehen. Das wird ein Fest sein.

Am Mittwoch beschließen Ragnhild und Henriette Rasmussen, am Wochenende nach Tromsø zu fliegen, zum Einkaufen. Edvard wird nicht mitkommen.

Rätselhafte Insel: Der Karls-Berger-Pub hat eine der größten Cognacsammlungen Norwegens. Jetzt wird er renoviert, der Schnaps steht im WC. Foto Mitte: Golfbälle? Nein, verkleidete Antennen, genutzt, um Daten von Satelliten herunterzuladen. Rechts: Beim beliebten Quizwettbewerb im Polarhotel erhält der Sieger eine Pizza

Callcenter eröffnete in Longyearbyen. Es bietet unter anderem den Dienst von Mari Soleil Bakken an. Für 3,64 Euro die Minute können Menschen aus Norwegen bei ihr anrufen und sich die Zukunft aus Tarot-Karten lesen lassen. Früher war Bakken Köchin in Oslo, dann schulte sie um, heute ist sie Medium. Sogar heilen kann sie, behauptet ihr Chef, selbst Krebskranke; das starke Magnetfeld in der Nähe des Pols vervielfache ihre Kräfte. Telepathie per Glasfaser – auch das ist ein Geschäft in Longyearbyen.

Am Dienstag geht die Sonne nicht mehr auf. Es schneit an diesem Tag, dem

Er wird hinausfahren in die Wildnis, zu seiner Hütte im Rentiertal. Eine seltsame Kraft zieht ihn fort aus der Stadt, hinaus in die kargen, nur von Flechten bewachsenen Täler, in die wegelose, menschenleere Ödnis. Er liebt die Leere und die Stille. Er wird nicht zurück aufs Festland gehen.

Es ist Donnerstag, als die dichte Wolkendecke endlich aufreißt, als die Menschen in Longyearbyen aufatmen und zum Himmel schauen. Dort steht den ganzen Tag der Vollmond. Wie hell es plötzlich ist. Wie unwirklich. Hellblau, schwimmbadblau erstrahlt der Himmel, doch auf

den verschneiten Bergen liegt ein gelber Schimmer. Er wirkt wie eine Sinnestäuschung. ∎

Rico Czerwinski, 28, ist Redakteur beim „Magazin" des Tages-Anzeigers in Zürich. Er und Fotograf **Heiner Müller-Elsner**, 47, hatten nur einmal Angst: Als Wahrsagerin Bakken bei einem Ausflug telepathisch einen „großen Eisbären" in nächster Nähe ortete. Und alle zurück zum Auto liefen.

   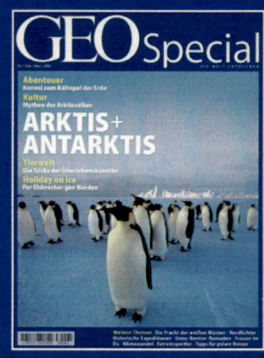

Manchmal bekommt man eine

 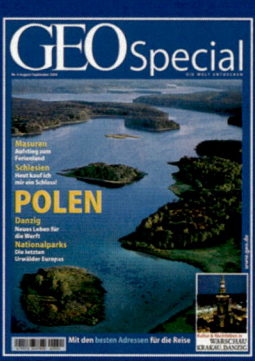 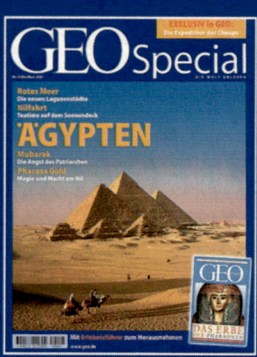 

 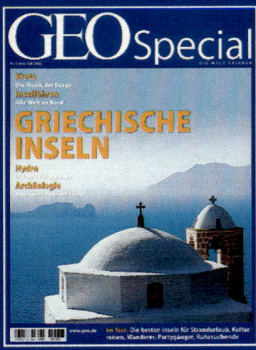  
 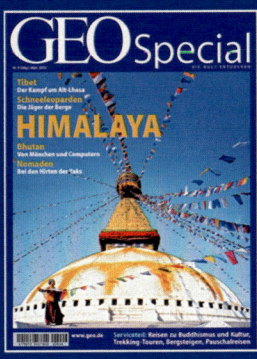  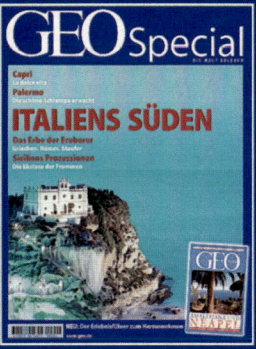

zweite Chance im Leben.

Jetzt im ausgesuchten Buch- und Zeitschriftenhandel. Falls Sie eines dieser Hefte verpasst haben, bieten sich jetzt folgende Möglichkeiten: Sie können zum Zeitschriftenhändler Ihres Vertrauens gehen und danach fragen. Sie können sich direkt an GEO wenden – Tel. 01805 / 86 18 003* oder Fax 01805 / 86 18 002*. Sie können im Internet unter www.geo-webshop.de nachschauen. Oder Sie können sich auf das neue Heft freuen. Und wenn das alles immer noch nicht zum Ziel Ihrer Träume führt – dann können Sie auch hinfahren.

*(12 Cent/Min.)

GEO REISE-SERVICE
NORDMEER

DIE WICHTIGSTEN TIPPS UND ADRESSEN FÜR DIE REISE

INHALT

ORIENTIERUNG	131
REYKJAVÍK	132
ISLAND	134
GRÖNLAND	139
SPITZBERGEN	144
KREUZFAHRTEN	146
ABENTEUER	148

Ein Bad in der »Blauen Lagune«, vor den Toren von Reykjavík, soll gut für die Haut sein – und macht garantiert gute Laune **132**

Viel Weiß, viel Grün: Ein Gletscher dominiert die Halbinsel Snæfellsnes im Westen Islands **134**

Bis zu 20 000 Eisberge treiben jährlich von Grönland aus ins Meer – die meisten stillen Riesen stammen aus der Diskobucht **139**

Bis zu einem Meter lang können die Stoßzähne von Walrossen werden – wer sie auf Spitzbergen beobachten möchte, sollte gebührend Abstand halten **144**

Winter ist hier Hundewetter: Die Tiere sind noch immer das verlässlichste Transportmittel im Schnee **148**

ORIENTIERUNG

DIE FANTASTISCHEN DREI
IM HOHEN NORDEN

Drei Inseln, drei Reiseziele: das ursprüngliche Grönland, das abwechslungsreiche Island, das abenteuerliche Spitzbergen. Welches ist die richtige Destination für wen? Ein kurzer Überblick zur Einführung

Island

Island ist die lebendigste der drei Inseln im Eismeer – und das gleich in zweifacher Hinsicht: Hier kochen Geysire, brodeln Vulkane und stürzen reißende Flüsse in die Tiefe, und in den Städten vergnügen sich die Menschen in Ausstellungen, Museen, Restaurants und Bars. Wer Abgeschiedenheit und Abenteuer sucht, aber auf Kultur und Nachtleben nicht verzichten möchte, für den ist Island ideal.

Im Gegensatz zu Grönland lässt sich Island gut in einer Woche entdecken. Die meisten Landesteile sind unkompliziert und schnell zu erreichen. Außerhalb der Ortschaften sind die Wege meist geschottert, lassen sich aber ebenfalls gut auf eigene Faust mit dem Mietwagen erkunden. Gute Hotels und Reisebusse erlauben auch älteren oder körperlich eingeschränkten Reisenden eine Erkundung der Insel. Urlauber mit kleinerem Budget können die öffentlichen Busse nutzen und zelten gehen. Die Hauptattraktionen sind während der Sommermonate oft überlaufen; abseits der üblichen Routen kann man tagelang wandern, reiten, Rad fahren oder mit dem Geländewagen die Insel erkunden – und begegnet kaum einem anderen Touristen. Einige ausgeschilderte Wandertouren sind auch mit Kindern gut zu schaffen. Wer es entspannter mag, findet Angebote für Ferien auf dem Bauernhof oder Gesundheitsurlaub. Generell ist Island ein teures Reiseziel. Das Wetter kann sehr schlecht sein.

Grönland

In Grönland ist die Welt noch wild. Es gibt Eisberge, Gletscher und weite, karge Täler, die scheinbar zuvor kein Mensch betreten hat. Im Gegensatz zu Island und Spitzbergen bietet Grönland nicht nur Natur, sondern auch Einblick in die fremde Kultur der Inuit.

An der Küste liegen verstreute Dörfer und Siedlungen, die mit ihren bunten Häusern und kleinen Kirchen sehr einladend wirken. In den größeren Orten gibt es Hotels, Geschäfte, Restaurants und Museen, jedoch in wesentlich geringerer Zahl als in Island. Noch immer ist die touristische Infrastruktur Grönlands wenig entwickelt. Zimmer mit Bad gibt es nur in größeren Orten, je kleiner eine Siedlung, desto niedriger ist meist der Standard. Im Sommer kann man südlich des Polarkreises gut zelten – die Luftfeuchtigkeit ist gering, die Temperaturen liegen bei rund zehn Grad. Einziges Manko: die Mückenschwärme. Individuelle Reisen bedürfen einer sorgfältigen Planung: Zwischen den einzelnen Orten kommt man nur mittels Boot, Flugzeug oder Hubschrauber voran. Flüge sind recht teuer und gerade in der Hauptsaison häufig ausgebucht. Eis und Schnee können ebenfalls einen Strich durch die Reiseplanung machen. Deshalb ist es sinnvoll, sich mindestens zwei Wochen Zeit zu nehmen und das Programm nicht zu straff zu organisieren.

Ideal ist die Insel für alle, die gern wandern, Ski fahren, Boots- oder Hundeschlittentouren machen wollen. Für Familien mit Kindern ist Grönland nur bedingt geeignet. Ältere Reisende können die Natur Grönlands am bequemsten bei einer Kreuzfahrt erleben.

Spitzbergen

Die Inselgruppe ist fast so groß wie Bayern und bietet die ganze Arktis im Kleinen. Zwei Drittel des gut 1000 Kilometer südlich des Nordpols gelegenen Archipels sind von Eis bedeckt; und auch wenn Grönland die eindrucksvolleren Eisberge hat und Island die höheren Wasserfälle – von allem ein bisschen findet man nur auf Spitzbergen: imposante Plateauberge, große Küstenebenen, Fjorde, riesige Gletscher und Eisberge. Außerdem sorgt der nahe Golfstrom für eine reiche arktische Tier- und Pflanzenwelt, er zieht Eisbären, Walrosse und Vogelschwärme an. Über die Hälfte der Fläche ist als Naturreservat ausgewiesen. Über den nördlichsten Linienflughafen der Welt ist Spitzbergen gut zu erreichen, Kreuzfahrtschiffe laufen die Inselgruppe regelmäßig an. Damit können Besucher hocharktische Natur und Wildnis hier leichter erleben als in anderen Polarregionen. Zu Fuß, mit dem Schiff oder Kajak und im Winter auf Ski oder mit dem Hundeschlitten kann man das „Land der kalten Küste" erkunden. Im Sommer erlauben klassische Fjord- oder Expeditionsfahrten eine größere Reichweite. Spitzbergen ist für Wanderer, aber auch für ältere Besucher und Arktis-Einsteiger geeignet; es bietet sowohl einen Campingplatz wie auch luxuriöse Hotels. Kulturangebote und Nachtleben sind rar. Während des Sommers liegen die Temperaturen zwischen drei und zehn Grad, meist scheint die Sonne, leichter Nachtfrost ist möglich.

Wo Europa wild wird: grasende Islandpferde im Tal von Öxnadalur, bei Akureyri

REYKJAVÍK

Reykjavíker Nächte sind lang – man sieht sich im »Nasa«

DURCH DIE KLEINSTE METROPOLE DER WELT

Reykjavík hat seinen ganz eigenen Charme. Es gibt beheizte Bürgersteige, Golfplätze, die bis Mitternacht geöffnet haben, und ein Nachtleben, für das sogar New Yorker anreisen. Und überall diese freundlichen Isländer!

Als Reykjavík 1786 das Stadtrecht erhielt, zählte es gerade 170 Einwohner. Seither hat sich die isländische Hauptstadt unaufhörlich ins Hinterland ausgedehnt. Die Aneinanderreihung von Wohnblocks, Reihenhäusern und kleineren Betrieben wirkt wie eine unstrukturierte, amerikanische Vorstadt. Für Besucher am reizvollsten ist der alte Stadtteil 101 zwischen dem Hafen und dem Stadtteich Tjörnin und rund um die Einkaufsstraße Laugavegur. Die engen Straßen sind gesäumt von Kneipen, Galerien und Modegeschäften. Nur wenige Gebäude, etwa die Domkirche und das Parlament, stammen aus dem 18. und 19. Jahrhundert. Den besten Blick auf die Stadt hat man vom Turm der Hallgrímskirkja. Von oben wirkt Reykjavík wie ein Flickenteppich, umrahmt von Meer und Bergen.

Auskunft
Tourist Information Center
Aðalstræti 2, Tel. 590 15 00, Fax 590 15 01, www.visitreykjavik.is. Hier ist auch die „Reykjavík Tourist Card" erhältlich, die zu zahlreichen Vergünstigungen verhilft, darunter freien Eintritt in Museen, in die sieben Thermalschwimmbäder der Stadt und freie Fahrt mit den Stadtbussen. Preis: 13 € für 24 Stunden, 19 € (48 Std.) oder 25 € (72 Std.).

Übernachten
Hótel Borg
Pósthússtræti 11, Tel. 551 14 40, Fax 551 14 20, www.hotelborg.is, DZ ab 228 €
Das Hotel im Zentrum zählt zu den besten der Stadt. 1930 wurde es von dem Ringer und Artisten Jóhannes Jósepsson eröffnet, von dem im Seitenfoyer einige Erinnerungsstücke zu sehen sind. Die 50 Zimmer sind individuell und mit nostalgischem Flair eingerichtet.

Hótel Nordica
Suðurlandsbraut 2, Tel. 444 50 00, Fax 444 50 01, www.icehotel.is, DZ ab 148 €
Helle, elegante Zimmer, ein großer Fitness- und Spa-Bereich, eine ansprechende Café-Lounge mit Kamin und das Gourmet-Restaurant **Vox** sind die Vorzüge des Hauses. Ins gut 25 Gehminuten entfernte Stadtzentrum fährt mehrmals täglich ein kostenloser Shuttlebus. Lassen Sie sich ein Zimmer mit Blick auf Reykjavíks Hausberg Esja reservieren.

Room with a view
Laugavegur 18, Tel. 552 72 62, Fax 515 25 05, www.roomwithaview.is, Apartment ab 60 €
Modisch gestylte Apartments mit ein oder zwei Schlafzimmern und Designermöbeln – ideal für alle, die mitten im Trubel der Stadt wohnen wollen. Von einigen Wohnungen hat man einen fantastischen Blick bis zum Gletscher Snæfellsjökull.

Sehenswert
Hafnarhús
Tryggvagata, www.listasafnreykjavikur.is, tgl. 10–17 Uhr
Das ehemalige Lagerhaus am Hafen gehört zum **Reykjavík Art Museum** und beherbergt als ständige Ausstellung die Werke des isländischen Malers Erró. Viele der meist großformatigen Bilder sind Collagen aus Comics, Plakaten und Katalogen. In den übrigen Räumen finden wechselnde Ausstellungen statt.

Hallgrímskirkja
Skólavörðuholti, tgl. 9–17, im Sommer bis 18 Uhr
Islands größte Kirche bietet Platz für 750 Menschen und ist das

Wahrzeichen von Reykjavík. Weithin sichtbar ragt der 73 Meter hohe, eigentümliche Turm auf, dessen Form an Basaltsäulen erinnert, die überall im Land aufragen; zu seiner Aussichtsplattform fährt ein Fahrstuhl hinauf. Im Sommer finden regelmäßig Orgelkonzerte statt.

Perlan
Öskjuhlíð, www.perlan.is
Das futuristische Gegenstück zur Hallgrímskirche steht auf dem bewaldeten Hügel Öskjuhlíð südlich vom Stadtzentrum: eine verspiegelte Glaskuppel, die auf sechs silbergrauen Heißwassertanks ruht. In einem der Tanks ist das **Saga Museum** (tgl. 10–18 Uhr, www.sagamuseum.is) eingerichtet, das die isländische Sagenwelt mit Wachsfiguren szenisch darstellt. Der Innenraum zwischen den Tanks bietet Platz für Empfänge und kleinere Messen, und alle 15 Minuten schießt ein künstlicher Geysir seine Wasserfontäne in die Höhe. Von der mit Teleskopen bestückten Aussichtsterrasse (Zugang kostenlos) genießen Besucher an klaren Tagen einen fantastischen Fernblick. In der Kuppel schließlich, der „Perle", befindet sich ein **Gourmet-Restaurant**, das sich in zwei Stunden um 360 Grad dreht (Tel. 562 02 00, www.perlan.is). Hauptgerichte kosten ab etwa 35 €, das empfehlenswerte Wildbuffet 70 € pro Person.

Essen
Islands Köche sind ausgesprochen experimentierfreudig und nutzen die heimischen Produkte wie Fisch, Lamm oder Rentier auf köstliche Weise.

Apótek Bar-Grill
Austurstræti 16, Tel. 575 79 00, www.veitingar.is
Aus der ehemaligen Apotheke ist ein modernes Restaurant geworden, deren Köchen der kulinarische Brückenschlag von Europa nach Asien, von Lamm bis Sushi gelingt. Durch eine Glaswand kann man ihnen bei der Arbeit zuschauen.

Þrír Frakkar hjá Úlfari
Baldursgata 14, Tel. 552 39 39, www.3frakkar.com
Urgemütliches und beliebtes Restaurant im alten Stadtteil 101, spezialisiert auf Fisch. Hier werden auch Walsteaks und gebratene Meeresvögel aufgetischt (lesen Sie dazu auch die Reportage auf Seite 100).

Fylgifiskar
Suðurlandsbraut 10, Tel. 533 13 01, www.fylgifiskar.is
Ultramoderner „Schnellimbiss" für Fischgerichte vom Feinsten, wie Schalentiere mit asiatischen Aromen, Tandoori vom Steinbeißer, Flunder mit Frischkäsefüllung.

Lækjarbrekka
Bankastræti 2, Tel. 551 44 30, www.laekjarbrekka.is
Gemütliches Restaurant in einem der ältesten Häuser der Stadt. Gerühmt wird es für seine isländischen Spezialitäten, darunter Papageientaucher.

Einkaufen
An Reykjavíks zentralen Einkaufsstraßen **Laugavegur**, **Hverfisgata** und **Skólavörðustígur** finden sich Designer- und Modegeschäfte, Juweliere, Geschäfte für Kunsthandwerk und Wollartikel. Öffnungszeiten: meist Mo–Fr 9–18 Uhr, Sa 10 Uhr bis mittags. Etwas außerhalb liegen die täglich geöffneten Einkaufszentren **Kringlan** und **Smáralind**, wo Geschäfte, Cafés und Kinos unter einem Dach vereint sind.

Kirsuberjatréð
Vesturgata 4, www.kirs.is
Zehn Künstlerinnen bieten in diesem Laden ihre ungewöhnlichen Kreationen an: Taschen aus Fischhaut, Schmuck aus Plastikschläuchen oder Abendkleider aus Filz und Organza.

Mál og menning
Laugavegur 18, 522 20 00
Die Buchhandlung zum Stöbern und Lesen. Lohnend sind die isländischen Bildbände, außerdem gibt es hier Karten und auch Bücher auf Deutsch. Café in der ersten Etage.

Skífan
Laugavegur 26, www.skifan.is
„Schallplatte" bedeutet der Name von Reykjavíks größtem Musikgeschäft. Hier finden Sie alles von isländischen Komponisten und Interpreten über Folkmusic aus aller Welt bis zu Rock, Pop und Jazz.

Ausgehen
Reykjavík ist bekannt für sein ausschweifendes, von Alkohol befeuertes Nachtleben. Ein Kneipenbummel beginnt spät und dauert oft die ganze Nacht, eine Sperrstunde gibt es nicht. Freitag- und samstagabends ist die Innenstadt belebter als zur Rush-Hour. Manche warten stundenlang, um Einlass in eine der angesagten Bars und Discos zu bekommen. Grundvoraussetzung ist modisch-schicke Kleidung; Touristen in wetterfesten Anoraks werden häufig abgewiesen. Die meisten Bars und Kneipen finden sich rund um Austurvöllur und entlang des Laugavegur und seinen Seitenstraßen.

Broadway
im Radisson SAS Hótel Ísland, Ármúli 9, Tel. 533 11 00, www.broadway.is
Im größten Unterhaltungstempel der Stadt finden regelmäßig Shows statt, oft kombiniert mit einem Dinner oder Themenbuffet. Ab 24 Uhr Diskothek.

Kaffibarinn
Bergstaðastræti 1, Tel. 551 15 88
Eng, voll und angesagt, am Wochenende legen DJs auf. Lesen Sie dazu auch die Reportage auf Seite 46.

Nasa
Austurvöllur 101, Tel. 511 13 13, www.nasa.is
Seit seiner Eröffnung vor gut drei Jahren einer der beliebtesten Clubs dank guter Live-Musik von Rock bis Jazz. Mit langen Warteschlangen ist immer zu rechnen.

Ausflug

Bláa Lónið
Grindavík, Tel. 420 88 00, www.bluelagoon.com
tgl. 10–20 Uhr, 15. Mai bis 31. Aug. tgl. 9–21 Uhr
Islands berühmteste „Badeanstalt" liegt umschlossen von Lava 40 Kilometer südwestlich von Reykjavík auf der Halbinsel Reykjanes. Ursprünglich war die „Blaue Lagune" ein Auffangbecken für die heiße, salzige Lauge, die ein geothermisches Kraftwerk aus 2000 Meter Tiefe zutage fördert. Welch heilende Wirkung bei Hautkrankheiten das 37–39 Grad warme, milchigblaue Wasser hat, das reich an Mineralien und Kieselschlamm ist, wurde 1981 zufällig entdeckt. Heute ist die **Blue Lagoon** ein modernes Badezentrum, es gibt kosmetische Behandlungen, Massagen, eigene Körperpflegeprodukte und eine Hautklinik. Angeschlossen ist ein Restaurant, in dem leichte Gerichte und Feinschmeckermenüs angeboten werden. Im benachbarten Kraftwerk informiert die Ausstellung **Gjáin**, „Die Schlucht", multimedial über die Naturkräfte des Erdinnern und ihre Nutzung (tgl. 10–16, im Sommer bis 17 Uhr). Kaum ein Busunternehmen, das nicht die Exkursion zur Blauen Lagune im Programm hat. Individualisten nehmen den Linienbus ab Busbahnhof Reykjavík (mehrmals täglich).

Das Restaurant Lækjarbrekka: moderne Küche im traditionellen Holzbau

Nationalheld Leif Eríksson hat noch vor Kolumbus Nordamerika entdeckt. Darum hat man ihn vor der Hallgrímskirche auf den Sockel gehoben

ISLAND

NEBELVERHANGEN, SONNENDURCHFLUTET

Wie wäre es mit Ferien auf dem Bauernhof? Oder einer Wanderung durch die Verbrecherlava? Ebenso reizvoll: eine Geländewagentour auf Europas größtem Gletscher. Vielleicht wollen Sie ja auch beim Schafabtrieb dabei sein. Und: Packen Sie die Badehose ein!

Allein auf weiter Flur: Ein Wanderer durchquert das Gebiet von Kerlingarfjöll im kargen, braunen Hochland

Offizieller Name: Lýðveldið Ísland, Republik Island
Staatsform: parlamentarische Republik, das **Alþing** (Parlament) mit 63 Abgeordneten wird alle vier Jahre gewählt. Seit 1991 regiert eine Mitte-Rechts-Koalition.
Fläche: 103 000 qkm einschließlich der Inseln.
Bevölkerung: 293 291 Einwohner, über 60 Prozent leben im Großraum der **Hauptstadt Reykjavík**.
Wirtschaft: Islands Bruttosozialprodukt zählt zu den höchsten der Welt. Stärkste Wirtschaftszweige sind Fischfang und Fischverarbeitung, Fischereiprodukte machen gut 70 Prozent des Gesamtexports aus. Daneben sind der Tourismus und die Aluminiumproduktion wichtige Erwerbszweige. Rund 70 Prozent der Beschäftigten arbeiten im Dienstleistungsbereich.
Zeit: MEZ minus 1 Stunde, während der mitteleuropäischen Sommerzeit minus 2 Stunden.
Geld: Landeswährung ist die isländische **króna** (ISK). 1 € = 87 ISK, 100 ISK = 1,15 €. Kreditkarten werden fast überall akzeptiert, an den Geldautomaten funktionieren auch EC-Karten.
Telefon: Landesvorwahl ist **00354**, danach folgt die 7-stellige Teilnehmernummer. Das isländische GSM-Mobilfunknetz ist in bewohnten Gebieten nahezu lückenlos. Im Hochland braucht man Handys mit dem nordischen NMT-Standard, die bei Iceland Telecom (www.simi.is) geliehen werden können.

Information
Isländisches Fremdenverkehrsamt, City Center, Frankfurter Str. 181, 63263 Neu-Isenburg, Tel. 06102/25 44 84, Fax 25 45 70, www.icetourist.de, www.icetourist.is
IM INTERNET: **www.iceland.is** Umfassende Informationen in englischer Sprache. Viele Links, etwa zu regionalen Portalen.
www.islandreise.info Gut gemachtes deutschsprachiges Portal mit vielen Infos und Tipps für Island-Reisende.
www.isafold.de Private Homepage mit detaillierten Berichten, Karten und Fotos von Hochland- und Gletschertouren.
www.vedur.is Aktuelle Klimadaten und ein täglich aktualisiertes Verzeichnis der seismischen Aktivitäten.

Klima & Reisezeit
Typisch für Island ist sein schnell wechselndes Wetter, deshalb sollte immer Regenzeug zur Hand sein. Hauptsaison sind die Sommermonate Juni bis August mit langen Tagen und angenehmen 15 Grad Celsius. Reizvoll sind auch Mai und September, doch muss man stets mit Wintereinbrüchen rechnen.

Einreise
Für Deutsche, Österreicher und Schweizer ist der gültige Reisepass oder Personalausweis ausreichend. Wer mit dem eigenen Wagen anreist, muss zusätzlich die Kfz-Papiere und die Grüne Versicherungskarte vorweisen.

Anreise
FLUGZEUG: **Icelandair** (www.icelandair.de) fliegt ganzjährig von Frankfurt nonstop nach Keflavík, dem internationalen Flughafen bei Reykjavík, im Sommer auch von Berlin, München, Zürich und Wien. In der Nebensaison bietet Islands nationale Airline preiswerte Kurzreisen (Flug und Unterkunft) an. Von Mitte Mai bis Mitte September kommt man auch mit **LTU** (www.ltu.de) von München und Düsseldorf sowie mit **Hapag-Lloyd** (www.hlf.de) von Berlin und Frankfurt nach Island.
SCHIFF: Die (Auto-)Fähre „Norröna" der **Smyril Line** (www.smyril-line.com) verkehrt zwischen Hanstholm (Dänemark) und Seyðisfjörður in Ost-Island. Die Überfahrt im Sommer, mit Stopp auf den Färöern, dauert etwa viereinhalb Tage. Die Containerschiffe der **Eimskip-Reederei** (www.eimskip.com) nehmen ebenfalls Passagiere und Fahrzeuge mit auf ihren regelmäßigen Fahrten zwischen Island, Rotterdam, Hamburg und Skandinavien.

Unterwegs
AUTO: Die Auswahl an **Autovermietern** ist groß, das Preisniveau hoch. Im Sommer kostet ein Wagen der kleinsten Kategorie (z. B. VW Polo) für eine Woche ab etwa 600 €. In allen Orten gibt es **Tankstellen**, meist in Verbindung mit einer Cafeteria oder einem Kiosk. Die rund 1400 Kilometer lange **Ringstraße** (Route 1), die Island umrundet, ist bis auf wenige Abschnitte geteert und befestigt. Doch ist sie keine Autobahn, sondern eine schmale, kurvenreiche Landstraße durch bergiges Gelände, auf der man im Durchschnitt kaum schneller als 70 km/h fahren kann. Deshalb sollte man für die gesamte Strecke wenigstens eine Woche einrechnen. Auch die anderen Hauptverkehrsstraßen sind meist befestigte Schotterpisten, die sich aber mit Pkw gut befahren lassen. Nur für die Pisten im Hochland, die oft erst im Juli geöffnet werden, sind allradangetriebene Geländewagen notwendig. **Straßenzustandsbericht** unter www.vegagerdin.is und Tel. 522 10 00.
BUS: Überlandbusse fahren in alle bewohnten Gebiete und auch ins Hochland (im Winter eingeschränkter Verkehr). Interessant für Individualisten sind die verschiedenen **Buspässe**, die es auch in Kombination mit Übernachtungsvouchers gibt, erhältlich bei **Destination Ice-**

land in Reykjavík (Tel. 591 10 20, www.dice.is). Das Unternehmen offeriert darüber hinaus zahlreiche Ausflüge.
FLUGZEUG: Die Inlandsfluggesellschaft Air Iceland (www.airiceland.is) fliegt ganzjährig von Reykjavík aus in fast alle Landesteile. Der „Air Iceland Pass", ein Rundreiseticket zum Sonderpreis, muss vorab im Ausland gekauft werden (z. B. bei Iceland Air).

Über Nacht

Es gibt in Island mehrere Hotelketten unterschiedlicher Kategorien. Drei- bis Vier-Sterne-Häuser sind die Icelandair Hotels (Reservierungszentrale Tel. 444 40 00, www.icehotels.is), die wie internationale Business-Hotels ausgestattet sind. Ebenfalls zu Icelandair gehören die Edda Hotels (Tel. 444 40 00, www.hoteledda.is), die nur in den Sommermonaten geöffnet sind und unterschiedliche Ausstattung, doch meist recht große Zimmer aufweisen. Die Fosshotels (Tel. 562 40 00, Fax 562 40 01, www.fosshotel.is) zählen zur Touristenklasse, nicht alle haben ganzjährig geöffnet. Jugendherbergen (Tel. 553 81 10, Fax 588 92 01, www.hostel.is) sind über ganz Island verteilt – in der Regel kleine, gemütliche, auch auf Familien eingerichtete Häuser.
Icelandic Farm Holidays 570 27 00, Fax 570 27 99, www.farmholidays.is) heißt der Zusammenschluss von rund 125 Bauernhöfen im ganzen Land, die außer Übernachtungen eine Reihe von Aktivitäten wie Reiten, Angeln, Jagen, Schwimmen und die Teilnahme am Schafabtrieb anbieten.
GUT ZU WISSEN: Die auf den folgenden Seiten angegebenen Hotelpreise verstehen sich ohne Frühstück.

 | **WAS KOSTET WAS?**

1 Liter Benzin	1,20 €
1 Kilo Brot	4 €
Fischgericht in einem Restaurant mittlerer Preisklasse	20 €
Milchkaffee im Café	3 €
Schachtel Zigaretten	5,85 €
Flasche isländ. Aquavit	35 €
Bier, 50-cl-Dose	2,50 €
Coca Cola, 50-cl-Dose	1 €
1 kg Äpfel	1,68 €

DER GOLDENE KREIS

Die Region östlich der Hauptstadt ist reich an Natur- und Kulturdenkmälern. Eine rund 200 Kilometer lange Rundtour zu den eindrucksvollsten Stätten, „Golden Circle" genannt, lässt sich per Mietwagen an einem Tag bewältigen und wird von Tourveranstaltern in Reykjavík in verschiedenen Varianten angeboten.

Þingvellir

Kein Ort in Island hat so große historische Bedeutung wie das weite Lavafeld am Nordufer des Sees Þingvallavatn. In Þingvellir, der „Ebene der Versammlungen", trat von 930 an alljährlich für zwei Wochen im Sommer der Alþing zusammen, das Parlament der Isländer, um Recht zu sprechen und politische Entscheidungen zu treffen. Die Goðar, Häuptlinge, und die freien Bauern lagerten in der Almannagjá („Allmännerschlucht") jenseits der Öxará („Axtfluss"); Mittelpunkt war der Lögberg, der „Gesetzesfelsen", auf dem heute die isländische Nationalflagge weht. Die altisländische Thingstätte ist auch in tektonischer Hinsicht bemerkenswert: Hier reißt die Erdkruste auseinander, weil die Eurasische und die Nordamerikanische Platte auseinanderdriften, weshalb die Þingvellir-Senke jedes Jahr um einige Millimeter absinkt. 1928 wurde das Gebiet erster Nationalpark des Landes, seit Juli 2004 gehört es zum Unesco-Welterbe. Informationszentrum am Aussichtspunkt der Almannagjá (April bis Okt. tgl. geöffnet, www.thingvellir.is).

Geysir & Gullfoss

Im Thermalgebiet Haukadalur sieht man schon von Weitem die 20 Meter hohe Wasserfontäne, die Strokkur, „Butterfass" genannt, alle acht Minuten emporschießt. Namensgeber für heiße Springquellen ist der nahe gelegene „große" Geysir (vom altisländischen „að geysir", hervorbrechen). In den letzten 100 Jahren hatte er sich rar gemacht und sich schließlich gar nicht mehr geregt; erst seit einem Erdbeben im Jahr 2000 bricht er wieder mehrmals täglich aus. Neben Geysir und Strokkur gibt es im Haukadalur noch viele weitere heiße Quellen, aus denen Wasser oder Dampf strömt und deren Farbspiel von Türkisblau bis Rot reicht. Eine Multimediashow im Geysir Center (tgl. geöffnet, www.geysircenter.com) informiert über die Geologie der Region.
Zwölf Kilometer entfernt tost der Gullfoss – der „goldene Wasserfall" zählt zu den schönsten in Island. In zwei breiten Kaskaden, die fast rechtwinklig zueinander stehen, stürzt der Gletscherfluss Hvítá hier 32 Meter in die Tiefe. Die bis zu 70 Meter tiefe Schlucht, die der Fluss gegraben hat, und der Wasserfall stehen unter Naturschutz.

SÜDWESTEN

Grüne Wiesen und Weiden, dazu breite, schwarze Lavasandfelder, die weiter östlich in die Sanderebenen am Fuß des Mýrdalsjökull übergehen – schon der Held Gunnar aus der „Njáls Saga" verfiel dem Reiz der malerischen Landschaft des Südens. In der Umgebung von Hvolsvöllur liegen einige Schauplätze der wohl beliebtesten Saga der Isländer.
Vor der Küste liegen die Westmännerinseln, deren einzig bewohntes Eiland Heimaey weltbekannt wurde, als dort 1973 unter heftigen Eruptionen ein neuer Vulkan entstand. Besonders gefürchtet ist die Hekla, ein 1491 Meter hoher Spaltenvulkan, der bis ins 18. Jahrhundert als „Tor zur Hölle" galt. Nur so konnten sich die Menschen des Mittelalters die verheerenden Ausbrüche erklären, wie jenen von 1104, bei dem eine blühende Siedlung im Þjórsádalur zerstört wurde. Zuletzt ist die Hekla 2000 ausgebrochen. Von der Nordseite her kann man sie besteigen, Informationen in Leirubakki (Tel. 487 65 91, www.leirubakki.is).
Heute nutzen die Isländer die geothermische Energie, um Gewächshäuser zu beheizen, in denen Blumen, Gemüse und sogar exotische Früchte wachsen, zu sehen vor allem um Hveragerði.

Donnervorhang: Der Dettifoss ist Europas wasserreichster Wasserfall

In Þingvellir, dem alten Parlamentsplatz, reißt die Erde auseinander

SPRACHE

Isländisch, eine der ältesten – und kompliziertesten – Sprachen Europas, verwendet noch Runenzeichen: ð, Ð – gesprochen als stimmhaftes „th" wie im englischen „father". Und þ, Þ – ein stimmloses „th" wie in „think". Mit Englisch kann man sich überall gut verständigen.

ISLAND

WANDERN

Sowohl das Hochland als auch der Nordwesten und Nordosten bieten Einsamkeit und Naturerlebnis pur. Einige Strecken sind gut markiert und viel begangen, etwa der Laugavegur von Landmannalaugar nach Þórsmörk, andere muss man sich selbst erschließen. Voraussetzung für mehrtägige Touren sind gute Kondition und optimales Equipment, denn Sie müssen mit allen Wettern rechnen. Gute Wanderkarten und Routenführer sind auch auf Deutsch in den Buchhandlungen in Reykjavík erhältlich. Etwa der Wanderführer von Sabine Barth und Páll Ásgeir Ásgeirsson: **Vier Wanderrouten in Island** (Iceland Review, Reykjavík 2002, ca. 30 €) mit detaillierten Beschreibungen der mehrtägigen Hochlandrouten Laugavegur, Askja-Weg, Snæfell–Lónsöræfi und Kjalvegur, ergänzt durch Hintergrundinformationen, Fotos und Karten.

Organisierte Touren jeder Schwierigkeit, auch per Ski, offerieren in Reykjavík zum Beispiel **Icelandic Mountain Guides** (Tel. 587 99 99 und 899 99 82, www.mountainguide.is), **Ferðafélag Íslands** (Iceland Touring Association, Tel. 568 25 33, www.fi.is) und **Útivist** (Tel. 562 10 00, www.utivist.is).

REITEN

Die Pferde kamen mit den ersten Siedlern. Als Arbeitstiere und Transportmittel werden die robusten Islandpferde noch heute beim Schafabtrieb eingesetzt, als trittsichere und gutmütige Reitpferde sind sie beliebt. Bei **Íshestar** in Hafnarfjörður bei Reykjavík können selbst Anfänger einen kurzen Ausritt wagen; ein zweistündiger Ausflug in die Lavafelder der Umgebung kostet 53 € (Tel. 555 70 00, www.ishestar.is). Für erfahrene Reiter bietet **Arinbjörn Jóhannsson** im nordisländischen Brekkulækur (Tel. 451 29 38, www.geysir.com/brekkulaekur) eine achttägige Tour über die Hochebene Arnarvatnsheiði oder eine 15-tägige Tour bis zur Halbinsel Snæfellsnes; Preise: 1670 € bzw. 2840 €, jeweils inkl. Flug ab Deutschland. Wer auf den Spuren unseres Reporters Stefan Schomann mit Packpferden um den Gletscher Drangajökull in den Westfjorden trekken will (siehe Seite 32), wende sich an Þórður Halldórsson von **Svaðilfari** in Hólmavík (Tel./Fax 456 48 58, www.svadilfari-iceland.com). Die zehntägige Tour kostet ab Hólmavík 1400 €; meist gibt es drei Termine zwischen Juni und Anfang August.

REISEFÜHRER

Jens Willhardt, Christine Sadler: Island Verlag Michael Müller, 3., aktual. u. überarb. Aufl. 2003, 22,90 €. Mit großer Detailfreude und spürbarer Zuneigung zu Land und Leuten geschrieben. Ein erstklassiger Reisebegleiter für Individualisten mit vielen Karten und Vorschlägen für Wanderungen.

Polyglott APA Guide Island Langenscheidt KG, Ausgabe 2004/2005, 19,95 €. Lesenswerte Einführung in Geschichte und Gegenwart, guter Überblick der einzelnen Regionen, viele Farbfotos.

Barbara Christine und Jörg-Thomas Titz: Island, Färöer-Inseln Reise Know-How, 3., kompl. aktual. u. neu gestaltete Aufl. 2003, 23,50 €. Acht Routen – und etliche Abstecher – führen durch alle Landesteile Islands, jeweils mit Hinweisen auf Unterkünfte aller Art, auf Sehenswürdigkeiten, Restaurants, Tourveranstalter und Verkehrsmittel.

Die fruchtbare Region war von Beginn an ein begehrtes Siedlungsgebiet. Davon künden mittelalterliche Stätten wie **Skálholt**, das von 1056 bis 1756 Bischofssitz war und ein kulturelles Zentrum mit der ersten Lateinschule Islands. Der beim Hekla-Ausbruch 1104 verschüttete Hof **Stöng** wurde 1939 freigelegt und veranschaulicht die frühe isländische Siedlungsweise.

Der frühere Handelsort **Eyrarbakki** mit seinen alten Häusern wirkt, als sei die Zeit vor 250 Jahren stehen geblieben. Das älteste Haus **Húsið**, 1765 gebaut, beherbergt heute das Heimatmuseum. Das **Maritime Museum** direkt daneben vermittelt einen Eindruck von der harten Arbeit der Fischer in früheren Jahrhunderten (Juni bis Aug. tgl. 13–18 Uhr). Wer im gemütlichen Restaurant **Rauða Húsið** (Búðarstígur 12, Tel. 483 33 30, www.raudahusid.is) einkehrt, bekommt Fangfrisches aus dem Meer und leckere Fleischgerichte serviert.

Übernachten

HVERAGERÐI: Frost og Funi
Hverhamar, Tel. 483 49 59,
Fax 483 49 14,
www.frostandfire.is
DZ ab 105 €
Ein Gästehaus zum Wohlfühlen: moderne Kunst an den Wänden, geschmackvolles Mobiliar, im Garten gibt es ein Dampfbad, ein Schwimmbad und Hot Pots, die von heißen Quellen gespeist werden. Guter Ausgangspunkt für Ausflugsfahrten und Wanderungen in die Umgebung.

SKÓGAR: Hótel Skógar
Tel. 487 89 88, Fax 487 89 87,
www.hotelskogar.is
DZ ab 160 €
Individuell gestaltete Zimmer im mediterranen Stil, einige mit Blick auf den 60 Meter hohen Wasserfall Skógafoss. Hot Pot, Sauna und ein gutes Restaurant im Haus.

Überschäumend: Strokkur, der kleine Bruder des großen Geysir

OSTEN

Europas größter Gletscher, der **Vatnajökull**, hat den Südosten Islands geprägt. Immer wieder führen Vulkanausbrüche unter dem Eisschild zu vernichtenden Gletscherläufen, bei denen sich gewaltige Schmelzwasserflüsse über die Schotterebene **Skeiðarársandur** ergießen, Straßen und Brücken zerstören und den ehemals grünen Landstrich durch die Jahrhunderte in eine Ödnis verwandelt haben. Der aktive Vulkan unter dem Eis heißt **Grímsvötn**, der zuletzt im November 2004 ausbrach. Nördlich von Höfn bis nach Seyðisfjörður erstreckt sich eine Fjordlandschaft mit steil aufragenden Basaltrücken und kleinen Küstenorten, die ehemals wichtige Handels- und Fischerplätze waren. Die strukturschwache Region soll durch den Bau einer Aluminiumschmelze in **Reyðarfjörður** belebt werden. Den notwendigen Strom soll das innenpolitisch umstrittene Wasserkraftwerk Kárahnjúkar liefern, für das eine Fläche von 57 Quadratkilometer nordöstlich des Vatnajökull unter Wasser gesetzt wird. Das Dienstleistungszentrum des Ostens ist **Egilsstaðir** am Lagarfljót.

Touren

Die Region ist für Wanderer und Gletscherfreunde ein Paradies. Zahlreiche Wanderwege führen durch den **Nationalpark Skaftafell**, der weit auf den Vatnajökull hinaufreicht. 1600 Quadratkilometer groß, bildet er eine beeindruckend grüne Oase zwischen zwei Gletscherzungen mit über 210 Pflanzenarten; Informationen im Visitor Center der Parkverwaltung (Tel. 478 16 27). Geführte Wanderungen im Nationalpark und Bergtouren auf Islands höchsten Gipfel **Hvannadalshnúkur** (2119 m) bietet der Zusammenschluss isländischer Bergführer (Tel. 587 99 99 und 899 99 82, www.mountainguide.is); Infostand auf dem Zeltplatz neben dem Besucherzentrum.

Jökulsárlón ist eine Gletscherlagune in der Schotterebene des Küstenvorlands, auf der Bruchstücke einer Gletscher-

zunge des Vatnajökull als Eisberge treiben. Bei einer Bootsfahrt erlebt man die bizarren Gebilde aus nächster Nähe (Tel. 478 21 22, www.jokulsarlon.is).
Die **Berghütte Jöklasel** liegt an der Gletscherzunge **Skálafellsjökull** – ein perfekter Ausgangspunkt für erste Schritte auf das Eis. Außerdem können Sie von hier aus mit Jeeps oder Schneemobilen in die eisige Weite des 8300 Quadratkilometer großen Vatnajökull fahren (Info: Tel. 893 6024, www.arctic-ice.is).

Übernachten
HOF Í ÖRÆFI: **Gästehaus Frost og Funi**
Tel. 478 22 60, Fax 478 22 61, www.frostandfire.is
DZ ab 100 €
Der geschmackvoll eingerichtete alte Bauernhof, südöstlich des Skaftafell-Nationalparks am Fuße eines Ausläufers des Vatnajökull gelegen, bietet auf Wunsch auch Halbpension. Ideale Unterkunft für Ausflüge in die Eiswelt. Geöffnet vom 20. Mai bis zum 10. Sept.
DJÚPIVOGUR: **Hótel Framtíð**
Vogaland 4, Tel. 478 88 87, Fax 478 81 87, www.simnet.is/framtid, DZ ab 108 €
Djúpivogur ist ein beschaulicher alter Handelsplatz in den Ostfjorden, überragt von der Pyramide des Búlandstindur (1069 m), und eine gute Basis sowohl für Wanderungen im Hinterland wie für Bootstouren. Direkt am Hafen steht das kleine Hotel Framtíð, eine heimelige Bleibe mit Sauna, Solarium und Restaurant. Zu empfehlen sind die holzverkleideten Zimmer im Neubau mit eigenem Bad.

NORDEN
Zwischen Fjorden und Hochland erstreckt sich eine abwechslungsreiche Region. Ist der westliche Teil mehr landwirtschaftlich geprägt, so leben die Menschen entlang der Nordküste vor allem von der Fischindustrie. Das Verwaltungs- und Dienstleistungszentrum des Nordens ist **Akureyri**. Die charmante Kleinstadt mit vielen historischen Holzhäusern liegt am lang gestreckten Eyjafjörður, umgeben von schneebedeckten Gipfeln. Im Winter kann man hier Ski fahren.
In einer Mondlandschaft voll vulkanischer Aktivität liegt der **Mývatn**. Seinen Namen „Mückensee" trägt er zu Recht, wie jeder erfährt, der ihn im Sommer besucht. Rund 30 Kilometer nordöstlich des Sees rauscht der **Dettifoss**, einer der gewaltigsten Wasserfälle Islands. Die Wassermassen des Gletscherflusses Jökulsá á Fjöllum stürzen auf einer Breite von 100 Metern 44 Meter tief und hüllen die Umgebung in einen Sprühregen.
Die Region am **Skagafjörður** ist Islands Zentrum der Pferdezucht. Nirgendwo sonst werden am Ende des Sommers mehr Pferde von den Weiden im Hochland hinunter in die Täler getrieben. Der Pferdeabtrieb ist Anlass für ausgelassene Feste und ein faszinierendes Ferienabenteuer für Reiter, das von vielen Veranstaltern angeboten wird.

Sehenswert
Im ausgehenden 19. Jahrhundert verließen Tausende von Isländern, vor allem aus den nördlichen Landesteilen, ihre Heimat – ein Vulkanausbruch, eine Reihe von harten Wintern und Missernten hatten ihnen die Lebensgrundlagen entzogen. Das **Icelandic Emigration Center** (Mai bis Aug. tgl. 11–18 Uhr, Tel. 453 79 35, www.hofsos.is) im winzigen Dorf **Hofsós** am Ostufer des Skagafjörður dokumentiert auf eindrucksvolle Weise die harten Lebensbedingungen der Emigranten in der Alten wie der Neuen Welt.
Glaumbær bei Varmahlíð ist ein gutes Beispiel für die Bauweise in vergangenen Jahrhunderten. Der Grassodenhof aus dem 18. Jahrhundert wurde bis 1947 noch bewohnt, heute beherbergt er ein Museum (1. Juni bis 20. Sept. tgl. 9–18 Uhr, Tel. 453 61 73, www.krokur.is/glaumb).

Übernachten
SKÚTUSTAÐIR:
Sel-Hótel Mývatn
Tel. 464 41 64, Fax 464 43 64, www.myvatn.is
DZ ab 90 €
Ein neues Hotel für gehobene Ansprüche am Südufer des Sees mit handgefertigten Mahagoni-Möbeln und einem sehr guten Restaurant. Ganzjährig geöffnet, guter Ausgangspunkt für Ausflüge per Jeep oder Schneemobil, für Reit- und Skitouren zu Pferd.
VARMAHLÍÐ: **Hestasport-Activity-Tours**
Tel. 453 83 83, Fax 453 83 84, www.riding.is, Hütte ab 150 €, im Winter ab 78 €

Selbst die Häuser tragen Pelz: Grassodenhof bei Glaumbær

Faszinierendes Norwegen
12. - 21.6., 19. - 28.6., 26.6. - 5.7., 3. - 12.7., 10. - 19.7., 17. - 26.7., 31.7. - 9.8.05 Flug, Bus, ***Hotels/meist HP, Schifffahrt Hurtigrute, Eintritte, Taxen, RL € 2.203,–

Skandinavien mit Lofoten und Nordkap
12. - 26.6., 19.6. - 3.7., 26.6. - 10.7., 3. - 17.7., 10. - 24.7., 17. - 31.7., 31.7. - 14.8.05 Flug, Bus, Schiff, *** u. ****Hotels/meist HP, Schifffahrt Hurtigrute, Eintritte, Taxen, RL € 2.510,–

Rund um Island zu Gletschern und Vulkanen
14. - 21.6., 28.6. - 5.7., 12. - 19.7., 26.7. - 2.8., 9. - 16.8.05 Flug, Bus, *** u. ****Hotels/meist HP, Eintritt, Taxen, österr. RL € 1.835,–

Höhepunkte Islands
6. - 19.7., 13. - 26.7., 20.7. - 2.8., 27.7. - 9.8.05 Flug, Geländebus, Hotels u. Bauernhöfe/meist HP, Watt-Fahrt, Walbeobachtungsfahrt, Eintritte, Taxen, RL € 2.930,–

Wandern in Island
28.6. - 12.7., 12. - 26.7., 26.7. - 9.8., 9. - 23.8.05 Flug, Geländebus, Schlafsackquartier/meist VP, 3x Gästehaus/NF, Taxen, RL € 2.055,–

Fotoreise Naturwunder Südislands Mit Hans Gsellmann
19. - 26.7.05 Flug, Geländebus, ****Hotel/HP, Eintritte, Taxen, fotografische RL: Hans Gsellmann € 1.985,–

Franz Josef Land
2. - 15.7.05 Flug, Hotel/NF, Expeditionskreuzfahrt/VP, Taxen, RL: Mag. Sepp Friedhuber € 7.550,–

Perlen der russischen Arktis
24.7. - 9.8.05 Flug, Hotel/NF, Expeditionskreuzfahrt/VP, Taxen, RL: Mag. Sepp Friedhuber € 9.850,–

Naturwunder Kamtschatkas
1. - 18.8.05 Flug, Geländefahrzeug, Hotel, Gästehaus, Zelt/VP, Eintritte, Taxen, RL: Wolfgang Axt € 3.250,–

Höhepunkte Kamtschatkas
8. - 21.8.05 Flug, Helikopter, Geländefahrzeug, Hotel, Hütten, Zelt/VP, Eintritte, Taxen, RL: Dr. Hans-Peter Steyrer € 3.750,–

A-4650 Lambach   Zentrale
☎ 0043 (0)7245 20700, Fax 32365
Wien 1 Bäckerstr. 16 ☎ 5126866
Wien 9 Spitalg. 17 a ☎ 4089542
St.Pölten Linzer Str. 2 ☎ 34384
Salzburg Linzer G. 40 ☎ 877070
www.kneissltouristik.com

ISLAND

Hestasport hat sich einen Namen gemacht für Reittouren und bietet Rafting, Angeln und Wandertouren an. Die im Ikea-Stil eingerichteten Holzhütten, die Platz für vier Personen bieten, gruppieren sich wie ein kleines Dorf rings um einen natürlichen Hot Pot.

WESTEN

Im äußersten Nordwesten ragt die Tatze der Westfjorde ins Meer, eine Landschaft von rauer Schönheit und Einsamkeit, ideal für Vogelfreunde und Wanderer. Ísafjörður, das wirtschaftliche und kulturelle Zentrum der Region, ist ein guter Ausgangsort für Erkundungen der zerklüfteten Fjordlandschaft. Von hier aus fahren Boote ins Naturschutzgebiet Hornstrandir im äußersten Nordwesten, wo erfahrene Naturkenner tagelang wandern können, ohne einem Menschen zu begegnen (Fährverbindung: Tel. 895 11 90, www.hornstrandir.is).
Mehr Besucher empfängt der Dynjandi („der Donnernde"), Islands schönster Wasserfall. In mehreren Kaskaden stürzen die Wassermassen fächerförmig 100 Meter tief, flussabwärts rauschen fünf weitere Wasserfälle dem Meer entgegen. Ein Höhepunkt ist Látrabjarg, die 14 Kilometer lange und bis zu 400 Meter hohe Steilküste am Südzipfel der Westfjorde. Hunderttausende von Seevögeln nisten in den Klippen, besonders zahlreich vertreten sind die zutraulichen Papageitaucher. Über die Straße zum Leuchtturm Bjargtangar, dem westlichsten Punkt Europas, lassen sich die Vogelkolonien leicht erreichen. Ein Wanderweg führt zum malerischen Strand Ranðasandur.
Weiter südlich, zwischen den Meeresbuchten Faxaflói und Breiðafjörður, erstreckt sich die Halbinsel Snæfellsnes weit in den Atlantik. An ihrem Westende erhebt sich der vergletscherte Vulkankegel Snæfellsjökull (1446 m), an dem Jules Verne seine „Reise zum Mittelpunkt der Erde" beginnen ließ. Faszinierend ist die Küste zu seinen Füßen: Im Süden ragen die Felstürme Löndrangar aus dem Meer, vermutlich sind es alte Vulkanschlote; im Westen liegt die malerische Bucht Dritvík, die bis ins 16. Jahrhundert eine wichtige Fischfangstation war. Vom kleinen Küstenort Arnarstapi werden Gletschertouren per Schneemobil oder Ski und Wanderungen in die Umgebung angeboten (Info: Tel. 435 67 83, www.snjofell.is).

Übernachten
ÍSAFJÖRÐUR: Hótel Ísafjörður
Silfurtorg 2, Tel. 456 41 11, Fax 456 47 67, www.hotelisafjordur.is, DZ ab 105 €

Unaussprechlich pittoresk: Hnappadalur auf Snæfellsnes

Ganzjährig geöffnetes, modern eingerichtetes Hotel in der Ortsmitte. Im Sommer gute Busverbindungen zu den kleineren Orten der Westfjorde. Im Winter preisgünstige Übernachtungsangebote.
HELLISSANDUR: Hótel Edda
Klettsbúð 9, Tel. 444 49 40, www.hoteledda.is, DZ ab 100 €
Modernes, gut geführtes Drei-Sterne-Hotel, geöffnet von Mitte Mai bis Ende September. Aus einigen Zimmern blickt man bis zum Snæfellsjökull. Ausflüge zum Gletscher und um die Halbinsel werden organisiert.

HOCHLAND

Vulkane und Gletscher formten die ursprünglichste Landschaft Islands: grau-braune Lava- und Schotterwüsten, aus denen mächtige Gletscher und Tafelberge ragen. Jahrhundertelang waren die Hochlandstrecken Sprengisandur (F26) und Kjalvegur (F35) die wichtigsten Verbindungen zwischen dem Norden und Süden, Reisende waren froh, wenn sie ihren Hof erreichten. Trolle und Riesen hätten dort ihr Zuhause, glaubte man damals, Geächtete hatten sich in das unwirtliche Hochland zurückgezogen und überlebten dort als Wegelagerer. Der Name der großen Lavawüste Ódáðahraun („Verbrecherlava") erinnert daran.

Touren

Bis heute ist das Hochland mit seinen unberechenbaren Flüssen und der scharfkantigen Lava eine Herausforderung für Geländewagenfahrer, Mountainbiker und Wanderer. Ein beliebtes Wander- und Erholungsgebiet ist das Rhyolithgebirge Kerlingarfjöll, seine höchsten Bergspitzen Snækollur (1477 m), Loðmundur (1429 m) und Mænir (1357 m) sind zum Teil vergletschert. In einigen der vielfarbig schimmernden Täler bieten schwefelhaltige Quellen ein dampfendes und zischendes Schauspiel. Unterkunft und Verpflegung gibt es in einfachen Hütten (Info: Tel. 852 42 23, www.kerlingarfjoll.is).
Am Rande der Lavawüste Ódáðahraun erhebt sich das ausgedehnte Gebirgsmassiv Dyngjufjöll. Seine bis zu 1510 Meter hohen Gipfel umgeben die rund 4500 Jahre alte, riesige Caldera der Askja, in der ein kleiner Explosionskrater und Islands tiefster See liegen, der 220 Meter tiefe Öskjuvatn. Die geheimnisvolle Landschaft mit alter und junger Lava – der letzte Askja-Ausbruch war 1961 – ist ein Dorado für Geologen.

Sabine Barth, 48, die auch das Kapitel über Reykjavík schrieb, kennt Island von vielen Reisen. Von 2001–2003 leitete sie das Goethe-Zentrum in Reykjavík. Sie ist Autorin des Reiseführers „Island", DuMont, 2004, 12 €.

GRÖNLAND

EISUMSCHLUNGEN, FARBENFROH

»Land der Menschen« nennen die Grönlander ihre Heimat – und doch ist die größte Insel der Welt fast unbewohnt. Im grünen Süden blühen Weidenröschen, im eisigen Norden treiben Eisberge – Grönland ist eine verwegene Schönheit

Riesenslalom: Fischerboote bahnen sich ihren Weg zwischen den Eisbergen der Diskobucht

Information

Greenland Tourism Copenhagen, P. O. Box 1139, Strandgade 91, DK-1010 København K, Tel. 0045/32 83 38 80, Fax 83 38 89. Auf der Website www.greenland.com finden sich neben Infos über die einzelnen Regionen auch Adressen von Reiseveranstaltern und örtlichen Touristenbüros sowie Broschüren im pdf-Format zum Download.

Greenland Tourism, P. O. Box 1615, Hans Egedesvej 29, DK-3900 Nuuk, Tel. 00299/ 34 28 20, Fax 32 28 77
IM INTERNET: www.nanoq.gl Website der grönländischen Selbstverwaltung.
www.culture.gl Internet-Portal zu allen Aspekten des grönländischen Kulturgeschehens. Mit Veranstaltungskalender.

www.stamps.gl Die Philatelie-Abteilung der grönländischen Post mit Online-Shop.
www.jensjk.dk Private Homepage (dän./engl.) mit Fotos aus vielen Regionen Grönlands.

Klima & Reisezeit

In Grönland herrscht arktisches Klima mit einer Jahresdurchschnittstemperatur von 10 Grad Celsius, doch die **regionalen Unterschiede** sind erheblich: Südlich des Polarkreises sinkt die Wintertemperatur selten unter minus 10 Grad; in der Inlandeisregion, etwa in Kangerlussuaq, und im Norden fallen sie auf bis zu minus 30 Grad. An der Ostküste ist es kälter als im Westen. Dank der meist **geringen Luftfeuchtigkeit** werden die Minusgrade als besser erträglich empfunden.

Die **Vegetation** entspricht den Klimazonen. Im Süden gibt es Buschwälder und Weiden, hier wird sogar Gemüse angebaut. Wiesen und Heidelandschaften prägen die niederarktischen Regionen West- und Ostgrönlands, während im Norden nur noch Moose und Flechten wachsen. Beste Reisezeit ist **Mitte Juni bis Ende August**, wenn die Sonne fast rund um die Uhr scheint. Für Hundeschlitten- oder Skitouren sind die Monate **März bis Mai** ideal.

WAS KOSTET WAS?

Bootsfahrt Ilulissat–Qeqertarsuaq (einfach)	39 €
Fischgericht	ab 12 €
Flasche Bier (im Restaurant)	4,50 €
1 Tasse Kaffee ab	2 €
1 l Milch	ab 1,10 €
1 Apfel	0,50 €

Einreise

Für Aufenthalte bis zu drei Monaten genügt der gültige Reisepass oder Personalausweis. Für Expeditionen und Forschungsprojekte, insbesondere im Nationalpark, ist eine spezielle Genehmigung des **Dansk Polarcenter** (www.dpc.dk) in Kopenhagen erforderlich.

Anreise

Mehrmals wöchentlich fliegt **Air Greenland** (www.airgreenland.gl) von Kopenhagen nach Kangerlussuaq und Narsarsuaq (ca. viereinhalb Flugstunden). Von dort gibt es Anschlussflüge zu anderen grönländischen Orten. Mit **Air Iceland** (www.airiceland.is) kommt man von Reykjavík nach Kulusuk (zwei Flugstunden), Narsarsuaq und Nerlerit Inaat (Constable Point). Mit dem Schiff ist Grönland nur auf Kreuzfahrten zu erreichen.

Unterwegs

Die wichtigsten Fortbewegungsmittel neben dem Hundeschlitten sind Boote, Flugzeuge und Helikopter. Die nationale Fluglinie Air Greenland unterhält Verbindungen zwischen 18 Städten, **Air Alpha Greenland** (www.airalpha.com) fliegt mit Helikoptern verschiedene Orte in Ost- und in Westgrönland an. Es empfiehlt sich, Flüge und Schiffspassagen weit im voraus zu buchen. Das gilt besonders für die Schiffe der **Arctic Umiaq Line** (Nuuk, Tel. 34 99 00, www.aul.gl), die im Liniendienst die Häfen an der Westküste zwischen Qaqortoq und Upernavik anlaufen. Der Preis für die gesamte Strecke: zwischen 550 € (Couchette) und 965 € (pro Person in 2-Bett-Kabine mit Bad) in der günstigsten Reisezeit. In einzelnen Regionen, etwa in Südgrönland und in der Diskobucht, verkehren die Frachtschiffe des **Royal Arctic Bygdeservice** (Nuuk, Tel. 34 91 00, www.ral.gl), die auch Passagiere mitnehmen.

Offizieller Name: Kalaallit Nunaat, „Land der Menschen"
Staatsform: Gleichberechtigter Teil Dänemarks mit innerer Autonomie, aber nicht EU-Mitglied. Dänemark hat die Oberhoheit in der Außenpolitik, der Verteidigung und der Rechtsprechung.
Fläche: Mit 2,16 Mio. qkm die größte Insel der Welt. Der überwiegende Teil ist von einem bis zu 3400 Meter dicken Eisschild bedeckt, nur 19 Prozent des Landes sind eisfrei.
Bevölkerung: 56 854 Einwohner, die meisten leben in Westgrönland, wo auch die **Hauptstadt Nuuk** (14 350 Einw.) liegt. 88 Prozent der Grönländer sind Inuit oder Inuit-Abkommen.
Wirtschaft: Wichtigster Wirtschaftszweig ist die Fischindustrie, wichtigster Handelspartner die EU. Seit 1992 gewinnt der Tourismus immer mehr an Bedeutung. Etwa 2800 Grönländer leben noch von der Jagd auf Robben, Wale und Walrosse.
Zeit: An der Westküste und im Gebiet von Tasiilaq an der Ostküste gilt MEZ minus 4 Stunden, in Ittoqqortoormiit MEZ minus 2 Stunden.
Geld: Landeswährung ist die **dänische Krone** (DKK). 1 € = 7,44 DKK, 10 DKK = 1,34 €. Kreditkarten werden weithin akzeptiert.
Telefon: Die internationale Vorwahl lautet **00299**, danach folgt die Teilnehmernummer. Ein GSM-Mobilfunknetz ist in größeren Städten vorhanden, eine größere Netzabdeckung erreichen NMT-Handys.

GRÖNLAND

Mit dem Hubschrauber zur Eiskante: In der Diskobucht schiebt sich der schnellste Gletscher des Nordens ins Wasser

Reiseplanung
Wer sich entscheidet, **individuell** nach Grönland zu reisen, kann Besichtigungsfahrten und Touren per Kajak, Ski, Hundeschlitten oder Schneemobil auch vor Ort bei einem erfahrenen grönländischen **„Outfitter"** buchen; Adressen nennen die örtlichen Touristenbüros. Wegen der gewaltigen Entfernungen sollte man sich auf jeweils eine Region beschränken. Da Flüge und Schiffspassagen in hohem Maß wetter- und eisabhängig sind, empfiehlt es sich, immer einen Zeitpuffer einzuräumen.

Das Angebot an **Unterkünften** reicht vom Zeltplatz über Jugendherbergen und Schlafsackunterkünfte in Schulen bis zu Hotels. Empfehlenswert sind auch die fünf **Seemannsheime** in Qaqortoq, Maniitsoq, Nuuk, Sisimiut und Aasiaat (www.soemandshjem.gl). Lediglich in der „Touristenhochburg" Ilulissat empfiehlt sich im Sommer eine Reservierung. Die örtlichen Touristenbüros helfen bei der Zimmersuche, ein Unterkunftsverzeichnis liefert Greenland Tourism auf seiner Website.

Sprache
Die offizielle Landessprache ist West-Grönländisch, das zur Familie der ostinuitischen Sprachen gehört. Im öffentlichen Leben wird auch Dänisch verwendet. Englisch wird in den großen Orten verstanden.

DER SÜDEN
Grønland, „grünes Land" – für keine Region passt der Name besser als für die Südspitze des Landes zwischen Nunaap Isua (Kap Farvel) und der Siedlung Paamiut. Hier siedelten vor über 1000 Jahren die Nordmänner. Genau wie damals ist die Schafzucht noch immer ein wichtiger Wirtschaftszweig, während der Sommermonate ziehen die Tiere frei umher. Ihren Routen folgen oft die Wanderpfade in der Region. In den Fjorden treiben Eisberge, die einen reizvollen Kontrast bilden zu den Wiesen und den grauen, bizarr geformten Gebirgen, die um **Nanortalik** an den Ufern aufragen.

Der Flughafen **Narsarsuaq** ist das Tor zum Süden. Von hier aus kann man Wanderungen auf einen Ausläufer des Inlandeises unternehmen oder in die alpine Welt des Johan-Dahl-Landes. Gegenüber, auf der anderen Seite des Fjords, liegt **Qassiarsuk**, wo einst Erik der Rote lebte. Neben einigen Ruinen aus der Wikingerzeit stehen die Rekonstruktionen eines Langhauses und der Kirche, die Eriks Frau Tjodhild bauen ließ. Eine schöne Wanderung führt in vier bis sechs Tagen (je nach Routenwahl) von Qassiarsuk über die Hochebene bis nach **Narsaq**.

Sehenswert
Das kleine Dorf **Igaliku** hieß zur Wikingerzeit Gardar und war ab 1126 der erste Bischofssitz Grönlands. Mit 400 Quadratmetern Grundfläche zählte die Domkirche St. Nikolaus zu den größten des skandinavischen Raums. Ihre Grundmauern und die der Nebengebäude sind noch zu erkennen. Tagesausflüge nach Igaliku kann man im Hotel Narsarsuaq buchen (120 €).

Die wohl schönste – und größte – Stadt des Südens ist **Qaqortoq**, mit zahlreichen Häusern aus der Kolonialzeit. Hier lohnt ein Rundgang, vorbei an den Skulpturen des Projekts **„Stein und Mensch"**, das die grönländische Künstlerin Aka Høegh 1993 initiierte. Bislang beteiligten sich daran 18 Künstler aus nordischen Ländern, die rund 30 Fels- und Steinfiguren schufen, über die ganze Stadt verteilt. Einen Plan der Ausstellung gibt es in der Touristeninformation (Tel. 64 24 44, www.qaq.gl). Qaqortoq hat gute Bootsverbindungen zu den anderen Orten im Süden. Etwa zu den warmen Quellen von **Uunartoq** (ca. 115 €). Ein Bad im 37 Grad warmen Wasser mit Blick auf die im Fjord treibenden Eisberge gehört zu den besonderen Erlebnissen in Grönland.

Auch zur Kirche von **Hvalsey** kann man mit dem Boot fahren (60 €). Es ist die besterhaltene Ruine der Nordmänner, erbaut um 1300 mit dem Granit vom Berg Qaqortoq. Hier fand man das letzte schriftliche Zeugnis der Siedler aus Island, eine Hochzeitsurkunde aus dem Jahr 1408. Danach verschwanden sie spurlos von der Insel; bis heute weiß niemand, warum. Auch die Grundmauern eines Langhauses sind zu sehen.

Übernachten
NARSARSUAQ:
Hotel Narsarsuaq
Tel. 66 52 53, Fax 66 53 70,
www.glv.gl/hoteller, DZ 166 €
Die Zimmerausstattung entspricht der eines Business-Hotels. Besonders empfehlenswert ist das Restaurant – der Blick auf Flughafen, Berge und Fjord erhöht den Genuss von grönländischem Lamm, Moschusochse oder Wal.
QAQORTOQ:
Sulisartut Højskoliat
Kamikoorfik B-1021,
Tel. 64 24 66, Fax 64 29 73,
www.sulisartut.gl
DZ ab 146 € mit Vollpension
Ruhig am Ortsrand gelegen, bietet die Hochschule neben einfachen Schlafsackunterkünften auch 89 Hotelzimmer, die an Internatsräume erinnern. In der Mensa werden grönländische Gerichte gereicht. Ausflüge können organisiert werden.

DER WESTEN
Von Nuuk bis nach Sisimiut erstreckt sich das größte eisfreie Gebiet Westgrönlands. Die landschaftlich abwechslungsreiche Region ist das politische und wirtschaftliche Zentrum des Landes, hier leben rund 30 000 Menschen.

Nuuk zählt nicht zu den schönen Hauptstädten, aber es lohnt sich, die Mini-Metropole zu Fuß zu durchstreifen, vorbei an den gut erhaltenen Häusern aus dem 18. und 19. Jahrhundert am Kolonialhafen oder durch die moderne Stadt rund ums **Kulturzentrum Katuaq** (www.katuaq.gl). Dahinter ragen die riesigen Wohnblocks auf, die Dänemark in den 1950er Jahren errichten ließ, um seine Politik der Zentralisierung und Umsiedlung im Land umzusetzen. Einen Besuch wert ist das **Grönländische Nationalmuseum und Archiv** (Hans Egedesvej 8, www.natmus.gl). Die Ausstellungen vermitteln einen guten Eindruck von Kultur und Kunst der Inuit. Einzigartig sind vier Mumien aus dem 15. Jahrhundert, die 1972 in der Nähe von Uummannaq gefunden wurden.

Pool with a View: Im Fjord von Uunartoq treiben Eisberge, im Badetümpel herrschen 37 Grad

Lebenslinie: Die Royal-Arctic-Schiffe verbinden Grönlands Städte

Touren

Maniitsoq liegt malerisch auf der gleichnamigen Insel, umgeben von schroffen Bergen, den höchsten Westgrönlands. Bekannt ist sein Skigebiet auf dem Gletscher **Apussuit**, das für Langläufer, Abfahrer und Tourengeher gleichermaßen gute Bedingungen bietet. Vor allem aber ist Maniitsoq ein idealer Ausgangspunkt für Bootsfahrten in die weiten Fjorde der Umgebung, etwa in den **Kangerlussuatsiaq**, der 80 Kilometer tief ins Inland hineinschneidet und in den etliche Gletscherzungen kalben. Es ist beeindruckend, zwischen den engen, fast senkrecht aufragenden Felswänden des „Ewigkeitsfjords", wie er im Dänischen heißt, hindurchzufahren.

Kangerlussuaq, am Ende des gleichnamigen, 160 Kilometer langen Fjords, ist Grönlands internationaler Flughafen. Der eisfreien Lage tief im Binnenland verdankt der Ort sein stabiles, trockenes Klima – eine gute Voraussetzung für Wanderungen in abwechslungsreicher Landschaft. Das weitläufige Gelände der ehemaligen US-Air Base bietet zudem ein breites Freizeitangebot, vom Hallenbad bis zum Golfplatz. Die Inlandeiskante mit dem **Russell-Gletscher** ist nur 25 Kilometer von Kangerlussuaq entfernt – für Wanderer eine lohnende Drei- bis Viertagetour (hin und zurück) mit guten Zeltplätzen. Die Tour wird auch als Jeep-Ausflug angeboten (über Kangerlussuaq Tourism, www.kangerlussuaqtourism.gl, 65 €). In Kangerlussuaq startet der **Arctic Circle Trail**, eine der beliebtesten Trekkingtouren Grönlands, der über 160 Kilometer in zehn bis 14 Tagen nach **Sisimiut** führt. Schlittenhunde gibt es in Grönland nur nördlich des Polarkreises, so wie in Sisimiut, Grönlands zweitgrößter Stadt. Heute transportieren sie auch Touristen auf Exkursionen, die zwei Stunden, drei Tage oder länger dauern können. Die Saison für Hundeschlittentouren beginnt hier bereits Mitte Dezember und reicht bis Ende April. Sehenswert in der Stadt: das gut erhaltene Ensemble von Kolonialhäusern und einige Museen zur Stadt- und Kulturgeschichte.

Übernachten

NUUK: **Hotel Hans Egede**
Aqqusinersuaq 1–5,
Tel. 32 42 22, Fax 324487,
www.hhe.gl, DZ ab 200 €
Konferenz-Hotel mit gehobenem Standard mitten in der Hauptstadt. Auf der fünften Etage befinden sich das Steakrestaurant „A Hereford Beefstouw" sowie eine Bar, beide mit exzellenter Aussicht auf Nuuk und den Fjord.
MANIITSOQ:
Hotel Maniitsoq
Ajoqinnguup Aqq. B-1150,
Tel. 81 30 35, Fax 81 33 77,
www.hotelmaniitsoq.gl
DZ 175 €
Die Ausstattung der Zimmer entspricht internationalem Standard. Schöner Blick auf Hafen und Gletscher. Restaurant im Haus.

DER NORDEN

Von Kangaatsiaq bis nach Qaanaaq erstreckt sich Grönlands Nordwesten, mit vielfältigen Tundralandschaften rund um die Diskobucht und einem rauen Land aus Schnee und Eis weiter im Norden.

In **Qaanaaq** wirkt Grönland am ursprünglichsten. In der nördlichsten Kommune des Landes leben nur etwa 900 Menschen. Haupteinnahmequelle ist die Jagd auf Robben, Wale und Eisbären, denen die Inuit hier noch in traditioneller Fellkleidung nachstellen. Dennoch ist Qaanaaq eine moderne Siedlung, entstanden 1953, als die Menschen hierher umgesiedelt wurden, weil die

GRÖNLAND

Amerikaner im Kalten Krieg das hervorragende Jagdgebiet von Thule für den Bau eines Luftwaffenstützpunktes beanspruchten. Auch **Upernavik** zählt zu den guten Jagdplätzen. Heute leben die Einwohner hauptsächlich vom Fischfang (Heilbutt). Upernavik, schön an einem Hügel mit Blick auf die Baffin Bay gelegen, ist der nördlichste Ort, den die Küstenschiffe anlaufen. Allerdings nur im Hochsommer, von Dezember bis Juni ist das Meer zugefroren.

Diskobucht

Aus gutem Grund zählt die Region zu den Hauptreisezielen Grönlands, denn hier, rund 250 Kilometer nördlich des Polarkreises, können Besucher die arktische Natur unmittelbar erleben. Gigantische Eisberge treiben in den Fjorden, und von Mitte Mai bis Mitte Juli scheint die Sonne rund um die Uhr.

Hauptort des touristischen Geschehens ist **Ilulissat**. Der Forscher Knud Rasmussen (siehe Seite 66) wuchs in Ilulissat auf, das damals noch Jakobshavn hieß. Eine der größten Attraktionen des Ortes ist der **Kangia**, der seit 2004 zum Unesco-Welterbe gehört: Auf dem etwa 45 Kilometer langen und fünf Kilometer breiten Fjord treiben enorme Eismassen. Sie stammen vom schnellsten Gletscher der nördlichen Hemisphäre, dem **Sermeq Kujalleq**, der sich täglich um 19 Meter vorwärts schiebt. Wer am Eisfjord entlangwandert (mit Führung ca. 44 €), kann sein ständiges Knacken und manchmal auch Krachen hören. Man kann sich auch mit dem Helikopter bis zur Eiskante fliegen lassen (230 €) oder eine Bootsfahrt in der Mitternachtssonne zwischen den treibenden Eisriesen unternehmen (55 €); Information und Buchung im Touristenbüro (Tel. 94 43 22, www.its.gl).

Von Ilulissat aus fahren Boote zu kleineren Siedlungen und auch quer über die Bucht zur Disko-Insel, die grönländisch **Qeqertarsuaq** heißt, „große Insel" – und so heißt auch ihr Hauptort an der Südküste. Der alte Walfangort ist eine gute Ausgangsbasis für Wanderungen im Hochland und für Hundeschlittentouren auf dem Gletscher **Lyngmarksbræen**, die hier sogar im Sommer möglich sind; Buchung im Touristenbüro (Tel. 92 16 28, www.qeqertarsuaq.gl; ab 150 €).

Zur Region Diskobucht gehören außerdem die südlicher gelegenen Orte Kangaatsiaq, Aasiaat und Qasigiannguit – lohnende Ziele für Aktivurlauber: Es lassen sich Wale beobachten, Kanu- oder Kajaktouren unternehmen, genau wie Wanderungen im Hinterland oder Hundeschlittentouren im Winter.

Nördlich der Diskoregion liegt **Uummannaq**, auf einer kleinen Insel zu Füßen eines Berges, der wie ein Robbenherz geformt ist – Uummannaq bedeutet „herzförmig". Im sehenswerten örtlichen Museum sind Ausrüstung und Fotos des deutschen Polarforschers Alfred Wegener zu sehen; er startete 1930 vom rund 55 Kilometer entfernten **Maarmorilik** zu einer Expedition aufs Inlandeis, von der er nicht zurückkehrte. Das Museum liefert auch Hintergrundinformationen zu den Mumien, die 1972 im nahen **Qilakitsoq** gefunden wurden und heute im Nationalmuseum in Nuuk ausgestellt sind.

Uummannaq gilt als Ort mit den meisten Sonnenstunden, und die geringe Luftfeuchtigkeit hält die Mückenschwärme fern – beste Voraussetzungen also für Ausflüge. Man kann wunderbare Bootsfahrten in den Uummannaq-Fjord unternehmen, auf dem mächtige Eisberge treiben – abgebrochen von sieben Gletschern in der Umgebung. Im Winter, wenn das Meer zu einer ebenen Fläche gefroren ist, werden mehrtägige Hundeschlittentouren zu den umliegenden Siedlungen angeboten. Jedes Jahr im März/April ist Uummannaq Austragungsort des **World Ice Golf Championship**, eines einzigartigen Golfturniers auf dem zugefrorenen Fjord (Info: www.golfonice.com).

Übernachten

ILULISSAT:
Hotel Arctic Ilulissat
Tel. 94 41 53, Fax 94 40 49, www.hotel-arctic.gl
DZ ab 195 € mit Frühstück
Vier-Sterne-Haus mit modernem skandinavischem Design und gehobener Ausstattung, in den „Superior Rooms" stehen Bang-&-Olufsen-Stereoanlagen. In den Sommermonaten kann man auch in einem der fünf Iglus übernachten, die mit Aluminium verkleidet und mit Heizung, Bad und Küchenzeile versehen sind. Traumhafter Blick auf die in der Mitternachtssonne glitzernden Eisberge gleich vor der Tür.

UUMMANNAQ:
Hotel Uummannaq
Tel. 95 15 18, Fax 95 12 62, www.icecaphotels.gl
DZ ab 110 € (ohne Bad) bzw. 160 € mit Frühstück
Das Schönste ist der Panoramablick: auf das Treiben im Hafen und auf majestätisch vorbeiziehende Eisberge. Großes Angebot an Touren im Sommer und im Winter, die im Touristenbüro im Haus gebucht werden. In der angeschlossenen Jugendherberge kostet eine Übernachtung im eigenen Schlafsack ca. 34 €.

DER OSTEN

Diese Region hat eine eigene Sprache und Kultur und ist von den übrigen Landesteilen und der Welt isoliert durch einen Packeisgürtel, der selbst in den Sommermonaten nur schwer passierbar ist. Hier leben nur rund 3500 Menschen in den beiden Gemeinden Tasiilaq und im 800 Kilometer nördlich gelegenen Ittoqqortoormiit. Viele Bewohner versuchen, von der Jagd und vom Fischfang zu leben, was immer schwerer gelingt. Die rasche Modernisierung hat zu zahlreichen sozialen Problemen geführt. Für den Reisenden zeigt sich der Osten von herber Schönheit, mit steilen Bergen, zerklüfteten Küsten und einer faszinierenden Gletscherwelt. Wanderer und Bergsteiger sind

Ufos im Nordmeer? Die Aluminium-Iglus des Arctic-Hotels in Ilulissat bieten eine herrliche Aussicht auf den Fjord

»Greens« heißen hier »Whites«: Eisgolfen bei Uummannaq

von den Möglichkeiten in der Region begeistert.

Im hohen Norden erstreckt sich Grönlands **Nationalpark**, rund eine Million Quadratkilometer groß, was der dreifachen Größe Deutschlands entspricht – der größte Nationalpark der Welt. Trotz der nördlichen Lage umfasst er eines der ausgedehntesten eisfreien Gebiete Grönlands mit einer artenreichen Flora und Fauna. Alle arktischen Landsäuger wie Eisbären, Polarwölfe, Karibus leben hier, besonders zahlreich vertreten sind Moschusochsen. Wissenschaftler und Expeditionsteilnehmer, die den Nationalpark besuchen wollen, benötigen eine Genehmigung des Dänischen Polarzentrums (siehe Seite 139). Uneingeschränkten Zugang haben lediglich die Jäger aus Qaanaaq und Ittoqqortoormiit. Dort sind auch die Stützpunkte der **Sirius-Patrouille**, einer Hundeschlittenstaffel der dänischen Armee, die den Park überwacht.

Sehenswert
Tasiilaq, die Hauptstadt Ostgrönlands am Ammassalik-Fjord, ist mit seinen bunten Häusern ein einladender Ort. Am Hang über dem Hafen steht die neue fünfeckige **Kirche**, deren Innenausstattung Moderne und Tradition vereint: Deckengemälde, Altarkreuz und Taufbecken schuf die grönländische Künstlerin Aka Høegh aus Treibholz, Robbenfelle bedecken die Kniebänke.

Wanderer und Bergsteiger finden in der spektakulären Natur rings um Tasiilaq zahllose Touren, im Winter werden auch Hundeschlitten- und Skitouren organisiert (Auskunft im Touristenbüro). Mit regulären Küstenbooten (nur Juli bis Oktober) und mit Helikoptern gelangt man zu den entlegenen Siedlungen der Kommune Tasiilaq, den Ausgangsorten für anspruchsvolle Trekkingtouren. In einer etwa fünftägigen Wanderung von Kuummiut aus lässt sich **Old Ikateq** erreichen, ein bizarrer Ort am Ikateq-Fjord bei Sermiligaaq. Hier errichteten die Amerikaner im Zweiten Weltkrieg die Air-Force-Basis Bluie East 2. Anfang der 1950er Jahre räumten sie die Basis innerhalb weniger Stunden und ließen Tausende von Fässern mit Treibstoff, Lastwagenwracks, Müllberge und anderen Schrott zurück, ein giftiges Arrangement vor einer grandiosen Bergkulisse.

Information
Destination East Greenland
Ammassalik Office, Tasiilaq, Tel. 98 22 43 und 98 15 43, www.eastgreenland.com

Übernachten
TASIILAQ: **Hotel Nansen**
Tel. 98 21 01, Fax 98 22 01, www.nansen.gl, DZ ab 75 €
Die Zimmer sind einfach und funktional ausgestattet, Gemeinschaftsbäder auf dem Korridor, doch dafür bietet die Terrasse mit Blick über den Ort und auf den Fjord einen besonderen Komfort. Restaurant im Haus. Es werden sowohl organisierte Bergtouren als auch Unterstützung bei der Organisation eigener Touren angeboten.
Hotel The Red House
Tel. 98 16 50, Fax 98 10 24, www.eastgreenland.de
Basis des Südtiroler Tourveranstalters Robert Peroni (lesen Sie dazu auch die Reportage auf Seite 58).
ITTOQQORTOORMIIT: **Ittoqqortoormiit Guesthouse**
Tel 99 10 18, Fax 99 11 18, www.simonsen-holtz.dk
DZ 65 €
Im Haus gibt es nur drei Doppel- und vier Einzelzimmer, teils mit Schräge. Die komplett ausgestattete Küche und eine Waschmaschine erlauben auch längere Aufenthalte. Eine gemütliche Unterkunft für alle, die die Einsamkeit lieben.

Sabine Barth

LITERATUR
Sabine Barth: Grönland DuMont Reise-Taschenbuch, 2., aktual. Aufl. 2004, 12 €. Überblick über Regionen und Orte, Einblick in Kultur und Geschichte, Tipps zur Reisepraxis.
David Kuhnert, Oliver Schröder: Grönland: Arctic Circle Trail Conrad Stein, 2004, 12,90 €. Trekkingführer auf dem 160-Kilometer-Trail knapp nördlich des Polarkreises.
Rolf Stange: Wintertour in Ostgrönland Eigenverlag (www.rolf-stange.de), 2004, 20 €. Erfahrungsbericht einer vierwöchigen Skitour von Ittoqqortoormiit aus durch Liverpool Land.

AIDA
DAS CLUBSCHIFF

AIDAblu: Sommer von Nord bis Süd

Wow! Diesen Sommer ist wirklich alles drin: Wo Wasserfälle in gigantische Fjorde stürzen und am Nordkap die Mitternachtssonne blinzelt, hat AIDAblu an der Reling einen Platz in der buchstäblich ersten Reihe. Islands Blüten leuchten schon von fern und mit Kopenhagen und Bergen gibt es großartige Metropolen ebenso zu entdecken wie reizvolle Küstenstädtchen. Vigo und Lissabon sind im September dann die Highlights ihrer einmaligen Transeuropareise. Das Ziel: Madeira und die Kanaren. Der Herbst könnte nicht frühlingshafter sein ...

AIDAblu ab/bis Kiel in der Innenkabine für zwei gibt's zum AIDA PREMIUM Preis schon ab € 845,–* p. P. und Woche incl. Vollpension.

Buchen Sie jetzt in Ihrem Reisebüro oder auf www.aida.de. Infos unter 0381/444-7040.

*incl. Frühbucherermäßigung bei Buchung bis 27.02.2005

SPITZBERGEN

UNTERWEGS AUF EINER INSEL OHNE WEGE

Im Winter wird es laut rund um Longyearbyen: Dann preschen Einheimische und Besucher mit Motorschlitten umher. Wer im Sommer wandern gehen will, braucht ein Gewehr und viel Erfahrung – oder sollte sich einer Gruppe anschließen

Offizieller Name: Svalbard, die alte Wikingerbezeichnung wurde 1925 eingeführt; Spitzbergen (norwegisch Spitsbergen) ist der traditionelle Name für die Inselgruppe.

Verwaltung: Untersteht seit dem Spitzbergen-Vertrag 1920/25 norwegischer Souveränität, vertreten durch einen Sysselmann (Gouverneur), ist aber nicht Mitglied der EU und des Schengen-Abkommens. Zollfreies Gebiet.

Fläche: 62 900 qkm Landfläche, die **Hauptinsel Spitzbergen** ist 39 400 qkm groß. 60 Prozent des Archipels sind mit Eis bedeckt, dichte Tundravegetation nur auf zehn Prozent der Landfläche.

Bevölkerung: ca. 2700 Einwohner, davon rund 65 Prozent Norweger und 33 Prozent Russen und Ukrainer. In der **Hauptstadt Longyearbyen** leben etwa 1800 Menschen.

Wirtschaft: Kohlebergbau; Tourismus; wichtigste Basis der Polarforschung in der Arktis; Satellitenbodenstation; Anbindung per Glasfaserkabel ans weltweite Datennetz.

Zeit: Es gilt die mitteleuropäische Zeit (MEZ).

Geld: Währung ist die **norwegische Krone** (NOK). 1 € = 8,22 NOK, 1 NOK = 0,12 €. Bank und Geldautomat in Longyearbyen.

Telefon: Die internationale Vorwahl lautet **0047**, danach folgt die achtstellige Nummer des Teilnehmers. Ein GSM-Mobilfunknetz ist nur in Longyearbyen, Barentsburg und Svea vorhanden.

Rentiere wechseln jährlich ihr Geweih – dieser Kopfschmuck wurde auf Edgeøya abgeworfen

Information
Svalbard Reiseliv, Postboks 323, N-9171 Longyearbyen, Tel. 79 02 55 50, Fax 79 02 55 51, www.svalbard.net
IM INTERNET: **www.unis.no** An der Universität auf Spitzbergen wird Biologie, Geologie, Geophysik und Technologie der Arktis gelehrt. Die Website berichtet auch über das Studentenleben in Longyearbyen.
www.svalbard-images.com Bilder, Webcam-Aufnahmen und Karten von Spitzbergen.
www.svalbard.com Gemeinschaftsauftritt etlicher Firmen und Institutionen.
www.kingsbay.no Website der internationalen Forschungssiedlung in Ny-Ålesund. Auch Infos zu Anreise und Unterkunft.

Klima & Reisezeit
Spitzbergens Klima ist **gemäßigt bis hoch arktisch**. Die kältesten Monate sind Februar und März, oft mit Temperaturen unter minus 35 Grad Celsius (Rekord: –49° C). Die Sommertemperaturen liegen bei 3 bis 12° C. Wenn die Zeit der Mitternachtssonne vorüber ist, ab Ende August, kann es leichten Nachtfrost geben. Typisch für arktische Gebiete sind **geringe Niederschläge**, auch im Winter fällt wenig Schnee.
Dank der extrem nördlichen Lage – der Archipel liegt zwischen dem 74. und 81. Breitengrad – geht die Sonne vier Monate lang (ca. 20. April–20. August) nicht unter. Im frühen Sommer steht die Sonne um Mitternacht hoch im Norden über dem Horizont – nicht nur knapp darüber, wie am Nordkap. Von Ende Oktober bis Mitte Februar geht sie dafür nicht auf, nur Mond, Sterne und das häufige Nordlicht erhellen die Polarnacht.

Einreise
Pass oder Visum sind für einen Besuch auf Svalbard nicht erforderlich, doch bei der Wiedereinreise nach Festlandsnorwegen muss der Reisepass vorgezeigt werden.

Besonderheiten
Der größte Teil der Inselgruppe steht unter **strengem Naturschutz**. Für individuelle Touren im größten Teil des Archipels benötigt man die Genehmigung durch den Gouverneur und eine spezielle Versicherung gegen Such- und Bergungskosten. Begegnungen mit **Eisbären** sind jederzeit möglich. Daher ist auf allen Unternehmungen außerhalb der Siedlungen geeignete Bewaffnung vorgeschrieben (kann vor Ort geliehen werden). Innerhalb der Orte kann man sich problemlos unbewaffnet bewegen. Über Vorschriften informiert: **The Governor of Svalbard**, N-9171 Longyearbyen, Tel. 79 02 43 00, Fax 79 02 11 66, www.sysselmannen.svalbard.no

Anreise & Verkehr
Im Sommer gibt es nach Longyearbyen pro Woche ein Dutzend **Linienflüge** von Tromsø und einzelne Direktflüge von Oslo. Im Winter wird Longyearbyen fünfmal pro Woche von Tromsø angeflogen. Mit dem Schiff ist Spitzbergen nur im Rahmen einer Kreuzfahrt oder mit Privatbooten erreichbar. Innerhalb der Inselgruppe gibt es kein öffentliches Verkehrsnetz. Der touristische Einsatz von Luftfahrzeugen ist verboten.

 WAS KOSTET WAS?

Pizza (im Kroa)	12–15 €
Tagesgericht (im Kafe Busen)	11–17 €
Tasse Kaffee	2 €
Glas Bier im Lokal	6 €
Dose Bier im Alkoholladen	2,50 €
Flasche Wein	ab 4,50 €
Stange Zigaretten	15 €

Siedlungen
Wer in **Longyearbyen**, der winzigen Hauptstadt von Svalbard, eine Art Freilichtmuseum der Trapperromantik erwartet, wird überrascht sein. Die Einwohner kommen zu 90 Prozent aus Norwegen, hier leben rund 50 Thailänder und Menschen aus ca. 20 weiteren Nationen. Sie genießen eine fast luxuriöse Infrastruktur, verdienen überwiegend gut und gönnen sich neben teils noblen Automodel-

Ganz schön eingespannt: Wanderer auf dem Weg zum Höhenzug Atomfjella

144 GEO Special

len eine Flotte von weit über 1000 Motorschlitten. An Wildnis und Pioniergeschichte erinnern noch am ehesten das **Svalbard Museum**, die westernhaften Bergwerksruinen an den umliegenden Berghängen oder die urig gestylte Kneipe **Kroa**. In Longyearbyen lässt es sich sehr normal und komfortabel leben, auch als Tourist.

Doch spätestens am Ende einer der beiden elf Kilometer langen Stichstraßen hinaus zu den Grubenanlagen ist wirklich Ende. Keine Straßen, Wege oder auch nur Markierungen, keine Brücken, kein Linienschiff zu anderen Siedlungen, keine Wanderhütten im Gelände. Hier wird die im Verhältnis zur geringen Einwohnerzahl unglaublich aufwendige Infrastruktur verständlich: Alles, was in Longyearbyen nicht vorhanden ist, findet sich erst im rund 800 Kilometer entfernten Tromsø. Longyearbyen ist eine moderne Zivilisationsinsel, hineingesetzt in Europas größte Wildnis.

Die übrigen isolierten kleinen Ansiedlungen und Stationen Spitzbergens sind Werks- oder Forschungssiedlungen, die für sich selbst sorgen. Am leichtesten ist im Sommer die russische Grubensiedlung **Barentsburg** (800 Einwohner) per Bootsausflug erreichbar (Tagesfahrt, ca. 122 €). In die norwegische Forschungsstation **Ny-Ålesund**, gut 100 Kilometer von Longyearbyen entfernt, geht es per Flugzeug. Reservierungen sind nur kurzfristig möglich, Stationsangehörige haben Vorrang, auch bei der Unterkunft.

Übernachten

Quartiere für Touristen – vom Campingplatz über Pensionen bis zum Hotel – gibt es in erster Linie **in Longyearbyen**, insgesamt rund 650 Betten. Allgemein üblich: In den Unterkünften werden keine Straßenschuhe getragen! Bringen Sie Hausschuhe mit, oder laufen Sie in Strümpfen.

Spitsbergen Hotel
Tel. 79 02 62 00, Fax 79 02 62 01, www.spitsbergentravel.no
DZ ab 176 € mit Frühstücksbuffet

Authentisch-elegant: Das Haus wurde 1947 als Unterkunft für die Funktionäre der Bergwerksgesellschaft erbaut, daher sein Spitzname „Funken"-Hotel. Die Gesellschaftsräume wurden restauriert und einfühlsam um einen Zimmer- sowie einen Gastronomie- und Konferenzflügel mit allem Komfort ergänzt.

Nybyen Gjestehus
Tel. 79 02 63 00, Fax 79 02 63 01, DZ 103 € mit Frühstück

Persönlich-freundlich: Wer internationalen Kontakt ohne steife Atmosphäre sucht, ist hier gut aufgehoben. Die renovierten Bergarbeiter-Quartiere im oberen Ortsteil Nybyen wurden 1989 als erste Touristenunterkunft eröffnet. Sie bieten Pensionsstandard (mehrere Zimmer teilen Sanitäranlagen), sind sehr sauber, das Personal ist sehr hilfsbereit. Saison: Anfang März–Ende September.

Longyearbyen Camping
Tel. 79 02 14 44, www.longyearbyen-camping.com
10 € pro Person und Nacht, Zelte auch mietbar

Naturnah: Wer im Sommer der arktischen Natur wegen nach Spitzbergen reist, dem wird der „nördlichste Zeltplatz der Welt" gefallen, der außerhalb vom Ort inmitten der Tundra an einer Vogellagune liegt, mit weitem Fjordpanorama. Ein beheiztes Servicegebäude mit Koch- und Essraum, Toiletten, Wasch- und Duschräumen sorgt für Zivilisationskomfort. Saison: Ende Juni bis Anfang September.

Erleben

Nur wenige Besucher mit entsprechender Erfahrung und Ausrüstung begeben sich auf eigene Faust hinaus in die arktische Wildnis. Die Mehrheit nutzt die Angebote der örtlichen Reiseveranstalter, die je nach Jahreszeit von Tagesexkursionen über Wildniscamps bis hin zu anspruchsvollen Trekkings, Hunde- oder Motorschlittentouren, Schneeschuh- oder Skiwanderungen reichen. Einer der Spezialanbieter mit 20-jähriger Erfahrung ist **Spitsbergen Tours** (Postboks 6, N-9171 Longyearbyen, Tel. 79 02 10 68, Fax 79 02 10 67), in Deutschland zu buchen über die Agentur **terra polaris** (Leina, Tel. 03622/90 16 33, Fax 90 16 34, E-Mail: info@terrapolaris.com) mit dem umfangreichsten Spitzbergen-Programm zu allen Jahreszeiten. Ein ungewöhnliches Angebot ist **Silvester in der Polarnacht**: Wie lebt es sich, wenn rund um die Uhr Nacht herrscht? Was kann man trotzdem in der Natur sehen und erleben? Nach ersten Eindrücken in Longyearbyen geht es per Hundeschlitten in eine schlichte Hütte fernab der Lichtquellen des Orts. Bei ruhigem Winterwetter und dünner Schneeauflage spenden Sterne und Nordlicht genügend Helligkeit für Wanderungen in arktischem Gelände (eine Woche ab 1240 € zuzügl. Flug, max. zehn Teilnehmer, Toursprache deutsch).

Spitzbergen-Angebote finden sich vereinzelt in den Katalogen von Nordland-Veranstaltern. **Kodiak Reisen** (Hagen, Tel. 02331/90 48 10, www.kodiak-reisen.de), zum Beispiel, bietet im Sommer **Naturerlebnis Spitzbergen**: Auf Trekkingtouren mit Wildniscamps lernt man die Westküste des Archipels rund um den Eisfjord mit ihren Küstengebirgen und Inlandgletschern kennen (8–22 Tage, im Zweimannzelt 2290–3890 € inkl. Anreise, max. zehn Teilnehmer). **Nordwind Reisen** (Memmingen, Tel. 08331/870 73, www.nordwindreisen.de) hat die kombinierte Land- und Schiffsreise **Hauch der Arktis** im Programm (ab 3125 € inkl. Flug, max. 20 Teilnehmer).

Andreas Umbreit, 45, ist Autor des „Spitzbergen-Handbuchs" (Conrad Stein Verlag, 7. Aufl. 2004, 22,90 €), des einzigen Reiseführers in deutscher Sprache.

Nicht von dieser Welt: Nordlicht erhellt die kargen Berge bei Longyearbyen

KREUZFAHRTEN

Beißt sich überall durch: der Atom-Eisbrecher »Yamal«

EISSCHOLLEN STEUERBORD VORAUS!

Wer sich dem Insel-Trio hoch im Norden vom Wasser aus nähert, sieht oftmals mehr – und auf recht komfortable Weise. An Bord sind nicht Abendkleid und Smoking gefragt, sondern Windjacke und Thermohose – denn der größte Luxus ist die unberührte arktische Natur

AGENTUREN

Polaradventures Lüneburg, Tel. 04131/22 34 74, www.polaradventures.de Detaillierte Marktübersicht
Norden Tours GmbH Hamburg, Tel. 040/37 70 22 70, www.norden-tours.de Spezialist für Skandinavien und Expeditions-Seereisen; Hurtigruten-Schiffe, „Disko II", „Nordstjernen", „Polarstar" und weitere mehr

VERANSTALTER

Aurora Expeditions Sydney, Australien, Tel. 0061-2/92 52 10 33, www.auroraexpeditions.com.au „Polar Pioneer"
Hapag-Lloyd Kreuzfahrten GmbH Hamburg, Tel. 040/30 01 46 00, www.hlkf.de „Hanseatic", „Discoverer"
Oceanwide Expeditions Vlissingen, Niederlande, Tel. 0031-118/41 04 10, www.ocnwide.com „Molchanov", „Multanovskiy", „Mikheev", „Maryshev", „Noorderlicht"
PolarQuest AB Göteborg, Schweden, Tel. 0046-31/333 17 30, www.polar-quest.com „Origo", „Stockholm"
Poseidon Arctic Voyages Moskau, Russland, Tel. 007-95/241 12 34, www.northpolevoyages.com „Kapitan Dranitsyn", „Yamal"
Quark Expeditions Inc. Darien, USA, Tel. 001-203/656 04 99, www.quarkexpeditions.com „Kapitan Khlebnikov", „Yamal"
Travel Dynamics International New York, USA, Tel. 001-212/517 75 55, www.traveldynamicsinternational.com „Orion"

Vieles von der Faszination der Arktis erschließt sich dem Reisenden von See her. Auf kleinen, wendigen und eisverstärkten Schiffen erreicht man Regionen, die sonst unzugänglich wären. Mitgeführte motorgetriebene Schlauchboote oder Hubschrauber erlauben Anlandungen an unberührten Küsten.

Wer eine Expeditions-Seereise ins Nordmeer unternimmt, sollte flexibel sein. Routen und Ausflüge unterliegen Wetter- und Eisverhältnissen, die schlecht sein können. Je nach Schiff muss man auf den Komfort und die Unterhaltungsangebote herkömmlicher Kreuzfahrten verzichten. Das Bordprogramm auf diesen Reisen ist die Natur selbst. Dazu kommen Vorträge von Reiseleitung und mitreisenden Lektoren über Natur, Tierwelt und Geschichte der Polarregionen.

Die hier angegebenen Preise verstehen sich pro Person in einer Doppelkabine inklusive Flug.

REISEZIELE IM NORDMEER

Spitzbergen

Der norwegische **Svalbard-Archipel** ist gerade für den Erstbesucher der Arktis eines der lohnendsten Ziele. Hier ist die Wahrscheinlichkeit, Eisbären, Walrosse und Robben in freier Natur beobachten zu können, besonders hoch. Etwa auf Fahrten mit der „Nordstjernen" entlang der Nordwestküste (sieben Tage, ab 2439 €, Norden Tours) oder bei einer Umrundung Spitzbergens mit der „Polarstar" (neun Tage, ab 3850 €, PolarQuest AB).

Die abgelegene **Bäreninsel** und die Vulkaninsel **Jan Mayen** werden manchmal auf Passagen von Spitzbergen nach Norwegen oder Island in der Vor- oder Nachsaison angelaufen („Molchanov", 13 Tage, ab 4490 €, Oceanwide Expeditions).

Grönland

Kreuzfahrten entlang der Westküste besuchen die mit bizarren Eisbergen gefüllten Meeresbuchten und die vielen kleinen Küstensiedlungen der Inuit. Beliebt sind Fahrten in die malerische **Diskobucht** und im Spätsommer hinauf bis nach **Qaanaaq** (Thule), der nördlichsten Siedlung Grönlands, („Disko II", Diskobucht, neun Tage, ab 3990 €; Thule, 16 Tage, ab 6990 €, beide Norden Tours). Entlang der **Südküste** wandelt man auf den Spuren der Wikinger-Kultur („Polarstar", 18 Tage, ab 4990 €, Norden Tours). An die fast unbesiedelte Küste Ostgrönlands führen Schiffsreisen von Island aus; Ziele sind u. a. der **Scoresbysund**, das größte Fjordsystem der Erde („Multanovskiy", elf Tage, ab 2590 €, Aurora Expeditions).

Island

Viele der landschaftlichen Schönheiten Islands befinden sich im Landesinneren und sind über Straßen oder auf Wanderungen zu erreichen. Doch die großen **Seevögelkolonien** an den Felsküsten lohnen eine Schiffsreise allemal, vor allem zur Brutzeit im Mai und nicht nur für ornithologisch Interessierte („Multanovskiy", neun Tage, ab 2590 €, Oceanwide Expeditions).

Russische Arktis

Bis zur politischen Öffnung Russlands waren die Archipele **Franz-Joseph-Land**, **Nowaja Semlja** und **Sewernaja Semlja** für westliche Reisende gänzlich unerreichbar. Sie werden noch

Am Nordpol schwimmen – das ist die Wassertaufe für Nordmeerfahrer

immer selten angesteuert. Nur Eisbrecher sind geeignet, die nahezu unberührte, reiche arktische Tierwelt dieser ganzjährig vereisten Eilande zu erkunden. Ebenso interessant sind Besuche der heute meist verlassenen Polarforschungsstationen und Begegnungen mit dem noch traditionell lebenden Nomadenvolk der Nenzen („Kapitan Dranitsyn", Franz-Joseph-Land, 13 Tage, ab 7190 €; Nowaja Semlja und Sewernaja Semlja, 17 Tage, ab 9850 €, jeweils Poseidon Arctic Voyages).

Die großen Passagen

Im europäischen Nordmeer beginnen oder enden die Fahrten durch die legendären Nordwest- und Nordost-Passagen entlang den **Nordküsten Kanadas** bzw. **Sibiriens**. Die aufgrund der Eisverhältnisse schwierig zu navigierenden historischen Seewege bleiben einzig den Eisbrechern vorbehalten („Kapitan Khlebnikov", Nordwest-Passage, 20 Tage, ab 12 290 €; „Yamal", Nordost-Passage mit Überquerung des Nordpols, 18 Tage, wieder geplant 2006, jeweils Quark Expeditions).

Der Nordpol

Tagelang bricht sich einer der stärksten Eisbrecher der Welt, die 75 000 PS starke „Yamal", seinen Weg durch das Packeis des arktischen Ozeans. Mit einem Barbecue auf dem Eis und, für Wagemutige, einem Bad im eiskalten Nordpolarmeer wird das Erreichen von 90° Nord zelebriert („Yamal", 15 Tage, ab 12 990 €, Poseidon Arctic Voyages).

SCHIFFSTYPEN

Generell gilt: Je höher die Eisklasse, desto höhere Breitengrade können erreicht werden. Je kleiner das Schiff, desto flexibler die Anlandemöglichkeiten. Die nördlichsten, ganzjährig vereisten Regionen sind nur mit **Eisbrechern** zu erreichen. Die atomgetriebene „Yamal" (100 Passagiere) und die Diesel-Eisbrecher „Kapitan Khlebnikov" und „Kapitan Dranitsyn" (je 112 Passagiere), früher im Dienst der Sowjetunion, wurden für Touristenreisen umgebaut. Auch die ehemaligen **Forschungsschiffe** der Sowjetunion „Molchanov", „Multanovskiy", „Polar Pioneer", „Mikheev" und „Maryshev" sind für Touristenreisen modernisiert wurden. Mit ihren geringen Passagierzahlen (46–54 Personen) und Eistauglichkeit sind sie ideal für die Entdeckung abgelegener Ziele mit viel Expeditionsflair. Die „Polarstar" (96 Passagiere) war ursprünglich ein Eisbrecher der schwedischen Marine, der für **Expeditions-Reisen** umgebaut worden ist. Die „Disko II" (56 Passagiere) fuhr bis zu ihrer Rundumerneuerung als Linienschiff entlang der grönländischen Westküste. Gemütlich-nostalgisch geht es auf dem früheren norwegischen Postlinien-Schiff „Nordstjernen" (120 Passagiere) zu. Geradezu familiär ist die Atmosphäre auf den vormaligen Schiffen der schwedischen Marine, „Origo" (24 Passagiere) und „Stockholm" (zwölf Passagiere). Die Arktis **unter Segeln** kann man an Bord des eistauglichen Schoners „Noorderlicht" (20 Passagiere) erleben. Seglerische Vorkenntnisse sind nicht erforderlich, Mithilfe bei allen Manövern wird gern gesehen. Wer auch im Eis auf etwas Luxus nicht verzichten möchte, für den sind die eisverstärkten kleinen **Expeditions-Kreuzfahrtschiffe** „Orion" (102 Passagiere), „Discoverer" (die ehemalige „Bremen", 164 Passagiere) und „Hanseatic" (184 Passagiere) die richtige Wahl. Für individuelle Reisen sind die **Küstenschiffe** der Arctic Umiaq Line entlang der grönländischen Westküste (siehe S. 139) geeignet. Hier gibt es allerdings keine Schlauchbootausflüge.

PRAKTISCHE TIPPS

REISEZEIT: Mai/Juni: Beginn der arktischen Seevogelbrut; **Juni/Juli**: Mitternachtssonne, aufbrechendes Packeis, arktisches Leben in voller Blüte; **August/September**: nördlichste Packeisgrenze, Umrundung von Spitzbergen, grönländische Ostküste; **Winter**: Polarnacht und Nordlicht.
TOURLEITUNG: Nach Abfahrten mit deutscher Reiseleitung erkundigen. Bordsprache ist grundsätzlich **Englisch**.
MITREISENDE: Der **Altersdurchschnitt** beträgt ca. 40–65 Jahre und steigt meist mit dem angebotenen Komfort. **Einzelreisende** sparen hohe Aufpreise bei Belegung halber Doppelkabinen (nach Verfügbarkeit).
KLEIDUNG: Die Atmosphäre an Bord ist in aller Regel **sportlich-leger**. Auf Ausflügen bewährt hat sich eine Kombination aus wasserdichter, atmungsaktiver Oberbekleidung und wärmenden, flauschigen Pullovern. Gummistiefel für „nasse" Anlandungen werden auf einigen Schiffen verliehen, manchmal auch ein warmer Parka.

Jörg Wünning, 35, Diplom-Umweltwissenschaftler, leitet eine Agentur für Erlebnis-Reisen.

ABENTEUER

LITERARISCHE ABENTEUER IM HOHEN NORDEN

Christoph Ransmayr: Die Schrecken des Eises und der Finsternis Fischer Taschenbuch, 8,90 €. Das schönste Buch über Kälte und Eis. Von der Irrfahrt der Österreichisch-Ungarischen Nordpolexpedition 1872 wird erzählt, und von einem jungen Italiener, der sich aufmacht nach Spitzbergen, dem Ort seiner Sehnsucht. Ransmayrs erster Roman – und sein faszinierendster.

Julius Payer: Die Entdeckung von Kaiser Franz Joseph-Land Edition Erdmann, 24 €. Dieses ist die Vorlage, die Ransmayr nutzte, der wortgewaltige, poetische Bericht über die Expedition der Österreicher, verfasst von dem Maler, Bergsteiger und Dichter Julius Payer. Von den Schrecken der Polarnacht erzählt er, der Schönheit des Eises und den unvorstellbaren Strapazen der Heimkehr.

Fergus Fleming: Neunzig Grad Nord Piper, 13,90 €. Mit welcher Besessenheit Männer versuchten, zum Nordpol zu gelangen – das schildert Fergus Fleming in diesem glänzend recherchierten Buch. Die Pointe, bis heute kaum bekannt: Der Erste, der am Nordpol steht, ist 1948 der Russe Kusnezow.

Fridtjof Nansen: In Nacht und Eis Edition Erdmann, 24 €. 1893 lässt sich Nansen mit der „Fram" im Eis einfrieren, versucht, den Nordpol mit Hundeschlitten zu erreichen, scheitert – aber überlebt. Ein Klassiker der Entdeckungsliteratur.

Michael Köhlmeier: Spielplatz der Helden Piper, 9,90 €. Wo Helden aufeinander treffen, gibt es häufig Streit. 1983 überquert Robert Peroni (siehe Seite 58) mit zwei Begleitern das grönländische Inlandeis und überwirft sich mit einem von ihnen. 1988 veröffentlicht Michael Köhlmeier diesen packenden Tatsachenroman über die Odyssee der drei Männer.

Barry Lopez: Arktische Träume Btb, 11 €. Lopez verneigt sich vor dem Zauber der Arktis. Er schaut, er beschreibt, er schwärmt – und analysiert die Gründe seiner Verzauberung. Ein Standardwerk zur Arktis, seit 1986 immer wieder aufgelegt.

Jørn Riel: Nicht alle Eisbären halten Winterschlaf Unionsverlag, 8,90 €. 13 meisterhafte Schnurren von unserem Essayisten Jørn Riel (siehe Seite 28). Von Jägern und Fängern auf Grönland erzählt er, von den liebenswerten Schrulligkeiten einer Männergesellschaft – und von den Freuden eines selbstbestimmten Lebens.

Hauke Trinks, Marie Tièche: Das Spitzbergen-Experiment Frederking & Thaler, 24 €. Gleich drei Experimente auf einmal unternimmt Hauke Trinks (siehe auch Seite 116): Er überwintert auf Spitzbergen; ihn begleitet eine Frau, die er kaum kennt; er will beweisen: Das Leben entstand im Eis. Ein heroischer Wissenschaftler in den Zeiten von Großforschungseinrichtungen.

Sigurgeir Sigurjónsson, Unnur Jökulsdóttir: Icelanders Forlagið, 62 €. Zwei Jahre lang zogen der Starfotograf und die Autorin durch die abgelegensten Flecken Islands – und trafen Menschen voller Eigensinn. Und Sigurjónsson schoss fabelhafte Bilder – zum Beispiel das auf Seite 24/25.

Jean Malaurie: Mythos Nordpol National Geographic, 69,95 €. Die Geschichte der Polareskimos, erzählt von dem französischen Polarforscher Malaurie, der selbst lange bei ihnen gelebt hat. Er beginnt bei der „Entdeckung" des nördlichsten Volkes der Erde, 1818, schildert ihre Begegnung mit Knud Rasmussen (siehe Seite 66) und ihr heutiges Leben. Opulent bebildert.

DER LOCKRUF DER WILDNIS

Seit Jahrhunderten zieht der Hohe Norden Abenteurer an. Auf ihren Spuren wandeln Reisende von heute, in Landschaften, die sich seither kaum verändert haben. Genauso wenig wie die Motive der Abenteurer: Neugier. Nervenkitzel. Und die Suche nach Sinn

Trekking in den Westfjorden

„Westfjorde" wird die schwer zugängliche, tiefgrüne, von Fjorden durchfurchte Halbinsel im Nordwesten Islands genannt. Ihren nördlichsten Teil, das unbewohnte **Hornstrandir**, zu durchwandern, ist ein einzigartiges Erlebnis. Der erste Teil der anspruchsvollen Trekkingtour mit **Hauser Exkursionen, München, Tel. 089/235 00 60, www.hauser-exkursionen.de**, führt durch weglose Wildnis, geschlafen wird in verlassenen Gehöften. Der zweite Teil der insgesamt 15-tägigen Tour führt durch die übrigen, bewohnten Regionen der Westfjorde. Maximal zwölf Teilnehmer, Preis: 2495 € inkl. Flug, Transfers, Unterkunft, meist Vollpension.

Skitouren in Island

Schneesicherheit und Einsamkeit versprechen die **Gletscher und Vulkane** im Süden Islands konditionsstarken Skitourengehern. Von Lodges und Berghütten aus werden Tagestouren unternommen, bei denen zwischen 600 und 1500 Höhenmeter in Aufstieg und Abfahrt zu bewältigen sind. Höhepunkte sind die Gipfel des Gletschers **Eyjafjallajökull**, des Bergmassivs **Tindfjallajökull** und der **Hekla**. Termin: 20.–27. März 2005, Preis: 1590 € inkl. Flug, Übernachtung, Verpflegung, Transfers. Mit **Hauser Exkursionen**, siehe oben.

Wer schwierige Touren mit Expeditionscharakter bevorzugt, den wird die winterliche **Überquerung des Hochlands** auf Ski und mit Pulka-Schlitten locken, auf der historischen **Sprengisandur-Route**, in zehn Tagen im März und April. Preis ab Reykjavík: ab etwa 1650 €, Übernachtung in Zelten und Berghütten, Vollverpflegung während der Tour. Icelandic Mountain Guides, Reykjavík, Tel. 00354/587 99 99, www.mountainguide.is.

Tauchen vor Spitzbergen

Faszinierende Eisformationen und Blautöne, die Vielfalt der Pflanzen und Tiere in arktischen Gewässern – wer die **Unterwasserwelt um Spitzbergen** erkunden will, kann mit der „Grigoriy Mikheev" auf Tauchfahrt gehen. Das für Touristenreisen umgebaute Forschungsschiff startet im Juni und Juli 2005 ab Longyearbyen mehrmals zu achttägigen Kreuzfahrten entlang der **Westküste** Spitzbergens bis hinauf in die **Hinlopenstretet**. Während die übrigen Passagiere Exkursionen an Land machen, sind bei günstigen Eis- und Wetterbedingungen mehrere Tauchgänge pro Tag geplant. Voraussetzung: Erfahrung bei Kaltwassertauchgängen und beim Tauchen mit Trockenanzug. Ab 2530 €. Oceanwide Expeditions, Vlissingen, Niederlande, Tel. 0031-118/41 04 10, www.ocnwide.com.

Mit dem Hundeschlitten rund um Thule

Bis minus 25 Grad wird es kalt sein, wenn die **Winter-Expedition** im Distrikt Thule (Qaanaaq) startet. Mit Hundeschlitten geht es über das gefrorene Meer nach **Herbert Island** und in die Gebirgslandschaft der Insel **Northumberland**. Weiter führt die Fahrt tief hinein in den Fjord **Inglefield Bredning**, der von fünf Gletschern umgeben ist. Trinkwasser muss geschmolzen werden, das Waschen entfällt, in den meisten Nächten wird im Zelt auf dem Eis geschlafen. Polareskimos begleiten die Gruppe in die hochpolare Wildnis und jagen Walrosse oder

Robben. Expeditionsleiter ist der Bergsteiger und Anthropologe Dr. Christian Adler, der drei Jahre unter den Inuit in Thule gelebt hat und ihre Sprache spricht. Termin: 12.–28. April 2005, Preis: 6495 € ab Hamburg. Weniger entbehrungsreich ist die „Thule-Expedition" **im Sommer**. Von Basislagern aus unternehmen die Teilnehmer (max. elf Personen) Tageswanderungen und Bootstouren und erreichen **Siorapaluk**, die nördlichste Siedlung der Inughuit. Preis ab Hamburg: 3850 €. **Polar Travel, Gilching bei München, Tel./Fax 08105/229 09, www.polar-travel.com.**

Geschafft – viele Gipfel Grönlands sind noch unbestiegen

Kajaktouren im Scoresbysund

Die grönländische Küste mit ihren tiefen Fjordsystemen und den ungezählten Inseln bietet schier unerschöpfliche Möglichkeiten für Kanuten, stellt aber auch hohe Anforderungen. Lange, steile Klippenküsten machen bei starkem Wind die Anlandung unmöglich. Besonders bei dichtem Nebel kann die Orientierung in Schären und Fjorden schwierig sein. Nicht zu unterschätzen sind die Eisberge, die jederzeit zerbrechen und hohe Wellen verursachen können. Für Paddler, die das Abenteuer lieben, aber nach einem ereignisreichen Tag auf dem Wasser gern zu Zelt und warmer Mahlzeit zurückkehren, ist der Scoresbysund in **Ostgrönland** das richtige Ziel. Bei zweiwöchigen Aufenthalten im Juli/August lassen sich von **Syd Kap** aus lohnende Kajaktouren und Wanderungen unternehmen. Begegnungen mit Robben, Narwalen und Moschusochsen sind keine Seltenheit. Ein dreitägiger Aufenthalt in **Ittoqqortoormiit** beendet die Reise. Preis ab Reykjavík: 5485 € inkl. Transfers, Unterkunft, Vollverpflegung im Zeltlager, Guides. Veranstalter ist das isländische Unternehmen **Nonni Travel, Akureyri, Tel. 00354/461 18 41, www.nonnitravel.is**, in Deutschland vertreten durch **Peter Fabel, Egestorf, Tel. 04175/80 25 50, www.peterfabel.de.**

Trekking in Grönland

Wanderer, die mit Karte, Kompass und allen Wettern umzugehen wissen, können viele Routen auf Grönland allein bewältigen. Hervorragende Karten gibt es für Gebiete im Süden und im Westen bis nach Ilulissat sowie im Osten rund um die Ammassalik-Insel, erhältlich in den Touristenbüros, in der Buchhandlung Atuagkat in Nuuk oder über Reisebuchhandlungen. Auch wenn Routen eingezeichnet sind – Markierungen oder Wege sind eher die Ausnahme als die Regel. Grundsätzlich gilt: Die beste Ausrüstung (Kleidung, Schuhe, Rucksack, Zelt, Schlafsack) ist gerade gut genug. Zur eigenen Sicherheit empfiehlt sich für Individualisten die Anschaffung eines ANNA-Notfallpakets, das u. a. Signalraketen, Signalspiegel und Signalflagge enthält; in Grönland in Supermärkten erhältlich (ca. 60 €). Örtliche Veranstalter vermieten Satellitentelefone und GPS-Geräte.

Eine anspruchsvolle, 16-tägige Trekkingtour in Ostgrönland bietet zum Beispiel **Hauser Exkursionen, siehe oben,** an: Vom Ausgangspunkt **Tiniteqilaq** geht es entlang dem grandiosen **Sermilik-Fjord**, auf dem zahllose Eisberge treiben, nordwärts bis zur Mündung der westlichen Gletscherzunge des **Karale-Gletschers**. Bis zu neunstündige Etappen sind zu bewältigen; wenn zu viel Eis im Fjord ist und das Versorgungsboot mit Zelten und Proviant nicht folgen kann, muss statt eines leichten Tagesrucksacks auch schwereres Gepäck getragen werden. Zwei Termine im Juli/August; Preis: 2595 € inkl. Flug, Übernachtung in Zelten und Gästehäusern, Vollpension. Nicht weniger schwierig ist eine **Expedition aufs Inlandeis** unter Führung von **Robert Peroni** (siehe Seite 58), im Programm von **Wikinger Reisen, Hagen, Tel. 02331, www.wikinger.de**. Das Abenteuer beginnt in **Tasiilaq**; jeder Teilnehmer (max. zehn) zieht auf Tourenski seinen Pulka-Schlitten (ca. 40 Kilo). Skifahrerische Qualitäten sind nicht gefordert, da es keine Abfahrten gibt, Konditionsstärke ist unabdingbar. Denn nach der Überquerung des noch zugefrorenen Sermilik-Fjords beginnt der kräftezehrende Aufstieg über etwa 1200 Höhenmeter aufs Inlandeis. Wenn die Wetterverhältnisse es zulassen, wird ein Ausläufer des Inlandeises auf einer Strecke von 100 Kilometern gequert. Termin: 31. Mai–16. Juni 2005; Preis: 3698 € mit Flug, Unterkunft in Zelten, Verpflegung, Expeditionsausrüstung.

Paddeltour: auf Augenhöhe mit Grönlands Eisschollen

SEIN WILDLACHS 100% FRISCHE

SEINE CASUALWEAR 100% AMARETTA

Wer das Besondere schätzt, bleibt offen für das Außergewöhnliche: Die hochwertige Mikrofaser Amaretta, verarbeitet zu einem der vielseitigsten Stoffe der Modewelt, ist atmungsaktiv, superleicht, shower-resistant, langlebig, pflegeleicht, travel-proof und dabei zeitlos elegant.

easy wear, easy care

www.amaretta.de

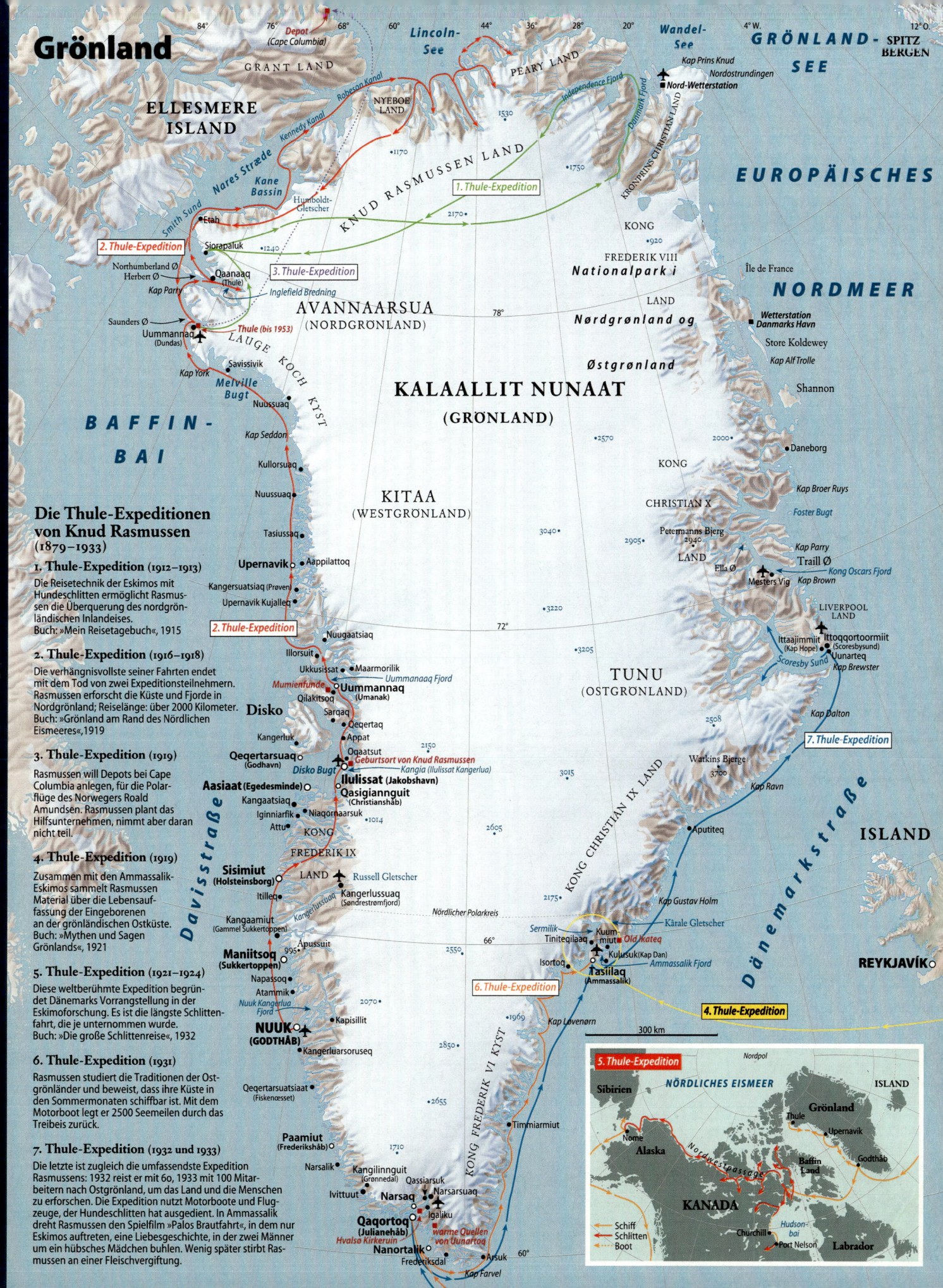

Leserbriefe

GEO SPECIAL »DIE GROSSEN BERGE DER ERDE« (DEZ. 2004)

In der Karte der Zentralschweiz, Seite 38, ist Ihnen ein Fehler unterlaufen. Das Gebiet, das Sie mit Hinterwaldner Alpen bezeichnen, nennt sich Unterwaldner Voralpen. „Hinterwäldler" gibt es überall, aber das ganze Gebiet als solches zu benennen ist schon ein wenig viel. Unterwalden ist ein Halbkanton in der Schweiz, und dementsprechend wird dieses Gebiet als solches benannt.

P. Duss, per E-mail

Anmerkung der Redaktion:
Herr Duss hat Recht. Wir bedauern den Fehler.

SPECIAL POLEN (AUGUST 2004)

Danke für dieses Heft. Als Deutscher mit polnischer Herkunft habe ich es sehr gerne gelesen und war erfreut, dass es GEO Special wichtig ist, gegen die Unwissenheit auf beiden Seiten zu kämpfen. Das tue ich schon seit Jahren, und manchmal hat es etwas von einer Sisyphus-Arbeit. Ergänzend wollte ich nur darauf hinweisen, dass es das von Ihnen empfohlene Buch „Polen" von Brigitte Jäger-Dabek auch bei der Bundeszentrale für Politische Bildung für 2 Euro zu kaufen gibt. www.bpb.de/publikationen/7B024U,,0,Polen.html

Markus Karzelek, per E-Mail

Nach 14 Tagen in den Masuren kann ich Ihnen bestätigen, dass die Beiträge in Ihrem Heft wie immer sehr gut recherchiert sind. Zwar kann man ein so interessantes Land nicht vollständig auf 162 Seiten wiedergeben, es reicht aber aus, um zu einer Reise anzuregen. Ich kann einen Besuch in Polen nur jedem empfehlen.

Ines Birkmann, Moosheim

Das Bild der Marienburg auf Seite 138 ist falsch: Der Dansker hat seinen Platz immer rechts von der Burg, wenn man von dorthin über die Nogat blickt. Auch in anderen Büchern wird das Bild oft falsch abgedruckt.

Adolf Thiel, Köln

Anmerkung der Redaktion:
Aufgrund einer falschen Beschriftung haben wir das Bild leider seitenverkehrt gedruckt. Wir bedauern das Versehen.

GEO Special

Gruner + Jahr AG & Co KG, Druck- und Verlagshaus, Am Baumwall 11, 20459 Hamburg. Postanschrift für Verlag und Redaktion: 20444 Hamburg, Telefon 040 / 3703-0, Telefax 040 / 37 03 56 48. E-Mail: briefe@geo.de; GEO-Explorer: www.GEO.de

CHEFREDAKTEUR: Peter-Matthias Gaede
STELLVER. CHEFREDAKTEUR: Michael Schaper
GESCHÄFTSFÜHRENDE REDAKTEURE: Florian Hanig (Text), Ruth Eichhorn (Fotografie), Jutta Krüger (Art Direction)
ART DIRECTOR: Beate Meding
TEXTREDAKTION: Ariel Hauptmeier (freie Mitarbeit), Brigitte Gajser (Reise-Service)
BILDREDAKTION: Venita Kaleps
DOKUMENTATION: Mathias Unger, Andrea-Rebecca Flörke
KARTOGRAPHIE: Günther Edelmann
SEKRETARIAT: Susanne Göttsche, Hella Strepp
HONORARE/SPESEN: Angelika Györffy
SCHLUSSREDAKTION: Jürgen Brüggemann
Assistenz: Hannelore Koehl
MITARBEITER DIESER AUSGABE:
Sabine Barth, Jens-Rainer Berg, Rico Czerwinski, Meike Kirsch, Vincent Klink, Claus-Peter Lieckfeld, Juliane von Mittelstaedt, Ulla Plog, Jørn Riel, Stefan Scholl, Stefan Schomann, Christian Sywottek, Olaf Tarmas, Andreas Umbreit, Dr. Andreas Weber, Jörg Wünning, Anne Zielke
VERANTWORTLICH FÜR DEN REDAKTIONELLEN INHALT:
Peter-Matthias Gaede

REDAKTIONSBÜRO NEW YORK: Nadja Masri (Leitung), Brigitte Barkley, Wilma Simon, Anuschka Tomat (Sekretariat), 375 Lexington Avenue, New York, NY 10017-5514, Tel. 212-499-8100, Fax 212-499-8105, E-Mail: geo@geo-ny.com

VERLAGSLEITUNG: Dr. Gerd Brüne, Ove Saffe
ANZEIGENLEITERIN: Anke Wiegel
VERTRIEBSLEITERIN: Ulrike Klemmer
MARKETINGLEITER: Florian Wagner
HERSTELLER: Oliver Fehling

ANZEIGENABTEILUNG
Anzeigenverkauf: Korinna Koschek
Tel. 040 / 37 03 22 48, Fax 040 / 37 03 57 73
Anzeigendisposition: Marco Schütze,
Tel. 040 / 37 03 23 27, Fax 040 / 37 03 57 73
Es gilt die Anzeigenpreisliste Nr. 32 vom 1. 1. 2005
Bankverbindung: Deutsche Bank AG Hamburg,
Konto 0322800, BLZ 200 700 00
Druck: Gruner+Jahr AG & Co KG, Geschäftsbereich Druck, Gruner Druck, Itzehoe

GEO ist auf Papier gedruckt, das aus einem Drittel – ausschließlich chlorfrei gebleichtem – Zellstoff, aus einem Drittel Durchforstungsholz und einem Drittel Altpapier hergestellt ist
Printed in Germany

GEO-SPECIAL-LESERSERVICE

FRAGEN AN DIE REDAKTION
Telefon: 040 / 37 03 22 73, Telefax: 040 / 37 03 56 48
E-Mail: briefe@geo.de

ABONNEMENT- UND EINZELHEFTBESTELLUNG

ABONNEMENT Deutschland
Bestellungen
Gruner + Jahr AG & Co KG
GEO-Kundenservice
20080 Hamburg
Telefon: 01805 / 861 80 03 (12 Cent/Min.)

Heftpreis im Abonnement: 6,65 €
Kundenservice allgemein
Mo-Fr 7.30 bis 20.00 Uhr
Sa 9.00 bis 14.00 Uhr
Telefon: 01805 / 861 80 03 (12 Cent/Min.)
Telefax: 01805 / 861 80 02 (12 Cent/Min.)

ABONNEMENT ÖSTERREICH
GEO-Kundenservice
Postfach 5, A-6960 Wolfurt
Telefon: 0820 / 00 10 85
Telefax: 0820 / 00 10 86
E-Mail: geo-special@abo-service.at

ABONNEMENT SCHWEIZ
GEO-Kundenservice
Postfach, CH-6002 Luzern
Telefon: 041 / 329 22 20
Telefax: 041 / 329 22 04
E-Mail: geo-special@leserservice.ch

ABONNEMENT ÜBRIGES AUSLAND
GEO-Kundenservice, Postfach, CH-6002 Luzern;
Telefon: 0041-41 / 329 22 20, Telefax: 0041-41 / 329 22 04
E-Mail: geo-special@leserservice.ch

BESTELLADRESSE FÜR GEO-BÜCHER, GEO-KALENDER, SCHUBER ETC.

DEUTSCHLAND
GEO-Versand-Service
Werner-Haas-Straße 5
74172 Neckarsulm
Telefon: 01805 / 06 20 00 (12 Cent/Min.)
Telefax: 01805 / 08 20 00 (12 Cent/Min.)
E-Mail: service@guj.com

SCHWEIZ
GEO-Versand-Service 50/001
Postfach 1002,
CH-1240 Genf 42

ÖSTERREICH
GEO-Versand-Service 50/001
Postfach 5000,
A-1150 Wien

BESTELLUNGEN PER TELEFON UND FAX FÜR ALLE LÄNDER
Telefon: 0049-1805 / 06 20 00, Telefax: 0049-1805 / 08 20 00
E-Mail: service@guj.com

ISBN-Nr. 3-570-19559-7   ISSN-Nr. 0723-5194

Fotovermerke nach Seiten. Anordnung im Layout:
l. = links, r. = rechts, o. = oben, m. = Mitte, u. = unten

Titel: Peter Gebhard/Laif

Seite 3: Jenný Karlsdottír: o; Sibylle Bergemann/Ostkreuz: m. o.; Ariel Hauptmeier: m.

Seite 4: Peter Gebhard/Laif: o.; Flip Nicklin/Minden Pictures: m.; Sibylle Bergemann/Ostkreuz: l. u.; Martin Jehnichen/Laif: 4/5; © Arktisk Institut/Danish Polar Center, Kopenhagen: r. u.

Seite 5: Marcus Höhn/Laif: o.; Bernhard Edmaier: m.; Ariel Hauptmeier: u.

HABITAT
Ina J. Gecke: 6–7; Martin Künsting: 8

IN EINEM ZAUBERREICH AUS FELS UND EIS
Sigurgeir Sigurjónsson: 12/13, 24/25; Ina J. Gecke: 14/15; Diane Cook & Len Jenshel: 16/17, 22/23, 26/27; © Philip Plisson: 18/19; Nevada Wier/Corbis: 20/21

AM RUHEPOL
Diane Cook & Len Jenshel: 28; Unionsverlag: 30

IM TÖLT ZUM RAND DER WELT
Eckhart Matthäus: 32/33, 35 o. und r. u., 36 o., 38 u.; Peter Gebhard/Laif: 34, 35 l. u., 36 u., 37, 38 o., 39; Walter Schmitz/Bilderberg: 40

DIE FRAU, DIE NICHT AN ELFEN GLAUBT
Frank Bauer/Agentur Focus: 43; Adrees Latif/Reuters/Corbis: 44

SCHAUT AUF DIESE STADT!
Jean Marmeisse: 46/47; Horst Wackerbarth: 49–55 o.; Sigi Jóns: 55 u.

HOLIDAY ON ICE
Hermann Maria Gasser: 58/59, Ariel Hauptmeier: 60–61, 63, 64 o.; Ovid Jacota: 62, 64 u.

ES WAR EIN FORSCHER IN THULE
Arktisk Institut/Danish Polar Center, Kopenhagen: 66–73 außer: © The National Museum of Denmark, Ethnographic Collection, Kopenhagen: 68 u./Grönland Lungs Polhavet/Knud Rasmussen/V. Normann Sammlung/Danish Polar Center: 68 u.; Bernd Dinkel: 73 u.

SCHLEICHFAHRT DURCH DIE ARKTIS
Sergey Maximishin/Agentur Focus: 75–76

DER DRITTE TAG DER SCHÖPFUNG
Bernhard Edmaier: 78–87

GRÖNLAND ROCKT
Marcus Höhn/Laif: 88–95

DAS GROSSE SCHMELZEN
Staffan Widstrand: 96/97; Olaf Tarmas: 99

HEUTE BLEIBT DIE KÜCHE KALT
Sibylle Bergemann/Ostkreuz: 100–107

ARKTISCHER WALKAMPF
Brandon Cole/Nature PL.com: 108/109; Flip Nicklin/Minden Pictures: 110; Doug Allan/Nature PL.com: 113; © 2004 Jeff Vinnick: 114; Claus-Peter Lieckfeld: 115

DAS JAHR, IN DEM WIR ALLEIN WAREN
„Das Spitzbergen Experiment"/Frederking + Thaler: 117–118

DIE LÄNGSTE NACHT
Heiner Müller-Elsner/Agentur Focus: 120–127

REISE-SERVICE
Layne Kennedy/Corbis: 130 o.; Peter Gebhard/Laif: 130 m. o.; Diane Cook & Len Jenshel: 130 m., 140 o., 142–143; Pål Hermansen: 130 m. u., 144 u., 145; Arcticphoto/Laif: 130 u.; Rob Howard/Corbis: 131; Jean Marmeisse: 132, 135 u., 136; Sibylle Bergemann/Ostkreuz: 133 o.; Max Galli/Laif: 133 u.; Kevin Schafer/Corbis: 134; Lars Schneider: 135, 148; Christian Bäck: 137; Jay Dickman/Corbis: 138; Daniel Deinhart: 139; Thomas Grabka/Laif 140 ., 141; Tui de Roy/Minden Pictures: 144 o.; Hapsis/Impact Images/Laif: 146 o.; Peter Guttman/Corbis: 147; David Keaton/Corbis: 149

VORSCHAU
Seite 153: Marion Nickig: o; J. G. Berizzi/Musée du Louvre/RMN: l. u.; Franz Killmeyer: r. u.

WIE LEBT ES SICH EIGENTLICH ALS…
Isak Høy: 154

KARTEN
Günther Edelmann: 40, 61, 98, 112, 132; Günther Edelmann/Gunter Kaiser: 150–151

Für unverlangt eingesandte Manuskripte und Fotos übernehmen Verlag und Redaktion keine Haftung.

© GEO 2005, Verlag Gruner + Jahr, Hamburg, für sämtliche Beiträge.

Einem Teil der Auflage liegen Prospekte für Plan International, Visit Britain, Pro Idee Versand und Gruner + Jahr AG & Co KG bei.

Blauregen überdacht einen Weg im Garten der Familie Freudenberg in Weinheim, wo rund 2500 Stauden und Gehölze blühen

EUROPAS SCHÖNSTE PARKS UND GÄRTEN

Dessau-Wörlitz: Der Traumpark des Fürsten Franz

Küchengärten: Die Schönheit des Suppengrüns

Holland: Der größte Blumenmarkt der Welt

Stadtparks: Spielwiesen der Zukunft

Heilgärten: Wo die Seele wachsen kann

Italien: Verführung durch Buchsbaum

Royal Horticultural Society: Die Wächter des grünen Erbes

Was verbindet den Finanzminister Ludwig des XIV. mit Mr. Beales aus Norfolk und Familie Freudenberg aus Weinheim? Es ist die Liebe zum Gärtnern, die Lust, aus Natur Kunstwerke zu erschaffen. GEO führt Sie in Parks und Gärten, die nicht nur schön sind, sondern Geschichten erzählen: von Prunksucht und Forscherdrang, von Magie und Heilkunst, von Sammelleidenschaft und dem Wunsch, die Welt besser zu machen. Erleben Sie Europa von seiner besten Seite: seiner grünen!

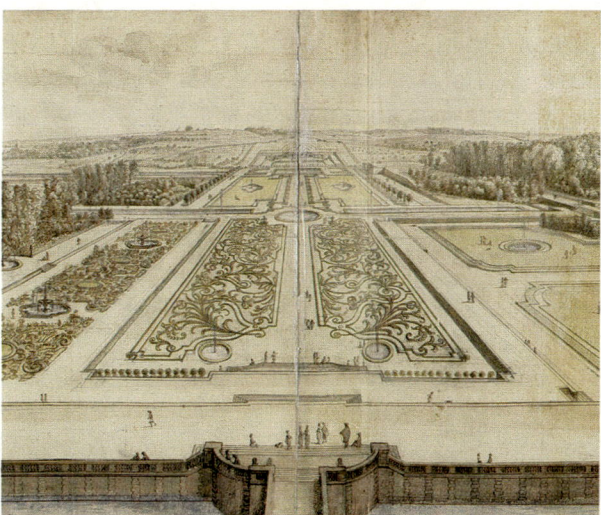

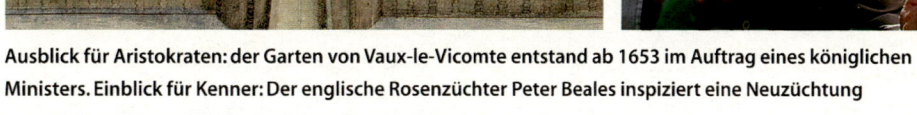

Ausblick für Aristokraten: der Garten von Vaux-le-Vicomte entstand ab 1653 im Auftrag eines königlichen Ministers. Einblick für Kenner: Der englische Rosenzüchter Peter Beales inspiziert eine Neuzüchtung

Die zuletzt erschienenen Ausgaben:

Polen Nr. 4/2004   Indiens Süden Nr. 5/2004   Berge der Erde Nr. 6/2004

Die folgenden Ausgaben:

BAYERN
AUSTRALIEN
LONDON

GEO Special Europas schönste Parks und Gärten
erscheint am 6. April 2005

Interview

WIE LEBT ES SICH EIGENTLICH ALS...

...Fußballer ohne Rasen?

Grönländer lieben Fußball, jeder 15. kickt in einem Club. Isak Høy, 31, ist Amateur beim Verein Ammassalimmi Timersorqatigiiffik Ammassak in Tasiilaq. Seit 1998 spielt er im grönländischen Nationalteam

Herr Høy, wie kommen sie ohne Rasen zurecht?
Nun, es geht. In Grönland ist es wegen der Kälte viel zu teuer, Rasenplätze anzulegen und zu pflegen. Und wenn mal irgendwo Gras wächst, ist es dort nicht flach genug.

Spielen Sie manchmal auf dem Eis?
Nur zum Spaß. Im Sommer trainieren wir auf Sandplätzen, im Winter in Sporthallen. Da läuft der Ball dann sehr schnell, das ist gut, dann müssen auch wir viel laufen. Auf dem Eis liegt oft Schnee, da kommt man kaum durch.

Scheint ganz schön hart zu sein, das Leben eines Fußballers in Grönland.
Das ist es auch. Vor allem, weil die Freiluftsaison so kurz ist: Sie dauert nur von Ende Mai bis Anfang September. In der Zeit findet auch die grönländische Meisterschaft statt. Von 50 Teams, die antreten, qualifizieren sich acht Mannschaften für die Endrunde.

Wie klappt die Organisation, bei den großen Entfernungen und hohen Reisekosten?
Die Endrunde wird jedes Jahr an einem anderen Ort ausgespielt. Wer sich qualifiziert hat, muss das Geld für den Flug und das Essen selbst zusammenkratzen. Manchmal fallen Mannschaften aus, weil sie nicht genug Geld haben. Mitunter ist das Wetter auch so schlecht, dass die Teams die Stadt nicht pünktlich erreichen. Dann müssen alle anderen warten. Oder die Mannschaft wird disqualifiziert.

Wie finanzieren Sie Ihr Hobby?
Ich bin Hausmeister und Trainerassistent in einer Sporthalle. Ich muss mich ganz schön strecken für die Turniergebühren, die Flugtickets, das Trikot und die Fußballschuhe. Früher habe ich auch Volleyball gespielt und bin Ski gefahren, aber auf Dauer wird das alles zusammen ein bisschen teuer. Manchmal sagt meine Frau, ich gebe zu viel Geld aus für Fußball.

Wie kommen die Zuschauer mit der Kälte zurecht?
Wenn wir draußen spielen, kostet es keinen Eintritt. Die Zuschauer sind gut bei der Sache und feuern uns lautstark an. Zwar können sie nicht richtig klatschen, schließlich haben sie Handschuhe an, dafür brüllen sie ordentlich. Einige bringen sich heiße Getränke oder Hochprozentiges mit. Ob sie sich damit aufwärmen oder in Stimmung bringen? Keine Ahnung.

Warum sind Grönländer so verrückt nach Fußball?
Vielleicht, weil es hier nicht viel anderes zu tun gibt, gerade im Sommer, wenn die Sporthallen schließen. Hier hat ja nicht jede Stadt ein Schwimmbad, ganz zu schweigen von Kinos oder Theatern.

Wie trainiert die Nationalmannschaft?
Mindestens einmal im Jahr gibt es ein Trainingslager, wenn genug Geld da ist, auch öfter. Wir fliegen dafür meist nach Dänemark. Das ist ein Problem, denn nicht jeder Nationalspieler kann sich die Reise dorthin leisten. Der bleibt dann außen vor.

Gegen welches Team würden Sie gerne mal spielen?
Manchester United!

Der Weltfußballverband Fifa will Grönland nicht aufnehmen, auch, weil es bei Ihnen keine Rasenplätze gibt. Ist das ungerecht?
Das ist schon in Ordnung. Es geht ja nicht nur um den Rasen. Unsere Nationalmannschaft spielt einfach zu schlecht, als dass wir an Europa- oder Weltmeisterschaften teilnehmen könnten. Außerdem ist Grönland kein eigener Staat, sondern gehört zu Dänemark. Für die Fifa kann es deshalb auch keine grönländische Turniermannschaft geben. Na ja, schade ist es schon.

Was war Ihr größter sportlicher Erfolg?
Das Match gegen Tibet, im Sommer 2001, in Kopenhagen. Wir haben 4:1 gewonnen, und nach dem Abpfiff galt ich als der beste Mann des Spiels. Aber es war mehr. Die Tibeter spielten, obwohl ihnen die chinesische Regierung das verboten hatte. Sie kämpften an allen Fronten. Es war ein Freundschaftsspiel, das Geschichte geschrieben hat. Ich bin stolz, dass ich dabei war.

Interview: Christian Sywottek

Isak Høy stürmt mit Sturmfrisur in Richtung gegnerisches Tor – auf einem Fußballfeld aus Sand